SOÑAR CON LOS DOS LADOS DEL CEREBRO

DORIS E. COHEN

Prólogo de Christiane Northrup

SOÑAR
CON LOS
DOS LADOS
DEL
CEREBRO

Descubre el lenguaje secreto
de la noche

URANO

Argentina – Chile – Colombia – España
Estados Unidos – México – Perú – Uruguay

Título original: *Dreaming on both sides of the brain – Discover the secret language of the night*
Editor original: Hampton Roads Publishing Company, Inc., Charlottesville, Virginia
Traducción: Alicia Sánchez Millet

1.ª edición Junio 2018

Copyright © 2017 by Doris E. Cohen, PhD
Foreword Copyright © 2017 by Christiane Northrup, MD
Published by arrangement with Hampton Roads Publishing Company Inc.
All Rights Reserved
© 2018 de la traducción *by* Alicia Sánchez Millet
© 2018 *by* Ediciones Urano, S.A.U.
Plaza de los Reyes Magos 8, piso 1.º C y D – 28007 Madrid
www.edicionesurano.com

ISBN: 978-84-16720-29-3
E-ISBN: 978-84-17312-03-9
Depósito legal: B-12.400-2018

Fotocomposición: Ediciones Urano, S.A.U.

Impreso por: Rodesa, S.A. – Polígono Industrial San Miguel – Parcelas E7-E8
    31132 Villatuerta (Navarra)

Impreso en España – *Printed in Spain*

Este libro está dedicado a todas las naciones, a todas las razas y a todos los seres vivos. Deseo, con todo mi corazón y toda mi alma, que después de leer este libro te sea posible entender la magia de tus sueños y aplicar ese lenguaje a tu estado de vigilia, a fin de que puedas descubrir tu camino y enriquecer con sentido tu existencia. ¡Este libro es mi sueño!

A todos los que me habéis ayudado en este extraordinario camino de los sueños, mi más profundo amor y aprecio.

ÍNDICE

AGRADECIMIENTOS

Mi más sincero agradecimiento a mi leal amiga y compañera de profesión, la doctora Christiane Northrup, mi más entusiasta seguidora, que siempre me ha dado ánimos y esperanza. Me siento en deuda contigo por tu inestimable ayuda para poner en marcha con prontitud, gracia, lealtad y compasión mi trabajo con los sueños. Tu confianza en mí ha sido primordial para que mi sueño pudiera hacerse realidad, y te doy las gracias de todo corazón.

Gracias a Nancy Shea, querida amiga, creativa, persona brillante y un apoyo incondicional. Ha sido mi «persona de confianza»: una experta multidisciplinar que me ha ayudado en todo lo que respecta a este libro. Y a la doctora Erika Schwartz y a Debbie Barnby, ambas amigas muy queridas cuya confianza en mí ha sido siempre inquebrantable.

Mi ayudante, Robbie Myers, no solo ha sido leal y de mi plena confianza, sino también la fuerza que, de mil maneras distintas, me ha permitido seguir con mi trabajo habitual y escribir este libro. Asimismo, la aceptación y el apoyo de mi editor, Greg Brandenburgh, han sido como los conciertos de Bach, música celestial para mis oídos.

Por último, mi más profundo agradecimiento a Evelyn Fisboin Guttman, cuyo amor y apoyo son una constante en mi vida.

PRÓLOGO

Como pionera de la salud femenina, he estado en vanguardia de la salud y la sanación durante décadas. Y si de algo estoy segura es de que para estar sana y conservar la salud has de conectar con tu alma y con tu inconsciente o esa parte de ti a la que tu intelecto no puede acceder por sí solo. Porque allí es donde reside el verdadero poder. Los sueños se encuentran en esta categoría. Son mensajes de tu inconsciente que recibes cada noche sin excepción, y que están cargados de información específica para ti. De hecho, los estudios han revelado que los sueños pueden llegar a advertirnos de problemas de salud que requieren nuestra atención mucho antes de que lo sepamos en nuestro estado consciente. Y no hay nadie más cualificado para guiarnos en el trabajo con nuestros propios sueños que la doctora Doris Cohen, con quien he trabajado durante años.

En 2012, viajé a Buenos Aires y permanecí allí tres semanas porque quería bailar el tango en su país de origen. Este baile del corazón nació en los barrios bajos y de los corazones rotos de los esclavos y los inmigrantes que llegaban a Buenos Aires desde Italia, Alemania, África y otros lugares del mundo. Este apasionado baile se origina en el corazón y, cuando se practica asiduamente, puede ayudar a sanarlo.

Por aquel entonces, yo era una bailarina relativamente principiante y no hablaba español. También era una mujer de mediana edad con el corazón destrozado, intentando recuperarse de una ruptura sentimental con quien había estado convencida de que era *el hombre de su vida*.

El tango, un baile que exige estar estrechamente abrazado a otra persona, me ayudó a curar el agudo dolor de la pérdida, y a satisfacer el deseo que siempre había tenido de saber bailar en pareja. De modo que ir a Buenos Aires era inevitable. La ciudad y la música de tango compuesta allí me atraían como si fueran el canto de las sirenas.

En mi primer día en la ciudad fui a pasear por una calle con mucha gente donde disfruté del sol de la tarde con mi compañera de viaje, una experta bailarina. Íbamos de compras y estábamos entusiasmadas gozando con el primer día de nuestra aventura tanguera. De pronto, noté un par de manos en mi garganta y mi collar, un carísimo colgante de oro con una figura de una diosa, desapareció de mi cuello; había sido un regalo de cumpleaños de un grupo de personas que a instancias de mi hija habían hecho un fondo común para regalármelo. Grité, pero todo sucedió tan rápido que el ladrón cruzó rápidamente la calle y se esfumó. Me quedé con el cuello magullado y arañado, y hecha polvo.

Sin embargo, lo peor fue que acabó con mi sentimiento de seguridad y felicidad. Ya no me sentía a salvo o segura en ese lugar, una ciudad donde había planeado pasear regularmente por la noche, para ir a bailar tango, en las sesiones de baile normalmente conocidas como *milongas*. Cuando planificaba mi viaje, todas las personas con las que hablé me decían que Buenos Aires era seguro y que no tenía por qué preocuparme. Luego me enteré de que las personas que saben de qué va el asunto nunca llevan nada de valor cuando salen a la calle, y ni siquiera sacan su teléfono móvil por miedo a que se lo roben a plena luz del día.

Decidí compartir este incidente en mi página de Facebook, para buscar apoyo. Mi amiga y compañera de profesión Tosha Silver, autora de *Ábrete a lo inesperado: deja que lo divino te guíe*, me dijo que este robo era un presagio muy positivo. Me comentó que el hecho de que me hubieran robado ese colgante en particular era una señal de que la propia Diosa —en este caso, en la forma de Kali, la diosa feroz que te lleva al Infierno para transformarte— era ahora quien me guiaba en mi viaje. Me explicó que Kali suele exigir sacrificio, y, a cambio, te ayuda a transformarte. Personalmente hubiera preferido un camino más sencillo, una diosa más «tranquila». Pero no era eso lo que mi alma tenía preparado para mí.

Vayamos a Doris Cohen. En varias de las lecturas espirituales[1] que me había hecho, me había indicado, con su inimitable acento, que una de mis compañeras no me estaba haciendo ningún favor. «Te tiene inmovilizada con alambre de espino, querida», me dijo Doris. Ahora bien, Doris no conocía a esta persona en absoluto; a decir verdad, apenas me conocía a mí. Pero interpretó mi problema con toda exactitud. Y al ponerle nombre a algo que yo sentía, pero que no sabía cómo expresar, me ayudó a salir de una mala situación mucho antes de lo que hubiera salido de no ser por ella. Sabía que podía confiar en lo que me dijera. Y que, además de su trabajo con los sueños, también tenía una larga experiencia como psicóloga clínica. Hay muchos intuitivos y videntes, pero pocos tienen una sólida formación en psicología. Así que muy pocos saben cómo interpretar exactamente la información intuitiva que reciben y plasmarla de una manera práctica y útil, de modo que sus clientes puedan entenderla y hacer algo con ella.

Cuando Doris se enteró de mi historia del robo del colgante, se puso en contacto conmigo y me dijo que le enviara mis sueños de las noches siguientes. Luego me dio instrucciones específicas acerca de en qué noches debía concentrarme. Y, como la buena alumna que soy, seguí sus instrucciones al pie de la letra; a veces, hasta conseguía anotar cinco o seis sueños por noche y se los iba enviando. Me sentía como si estuviera sola en el desierto, pero conectar con la sabiduría de mis sue-

---

1. Los videntes pueden realizar lecturas espirituales, que consisten en leer la información contenida en el campo energético de las personas y en saber traducirlas a un lenguaje comprensible a fin de que el receptor pueda utilizar dicha información para su propio crecimiento personal. La lectura espiritual no es una simple lectura sobre las posibilidades de que sucedan ciertas cosas, es una vía de crecimiento. *(N. de la T.)*

ños —bajo la guía de Doris— me ayudó mucho a aliviar mi tristeza y mi corazón roto.

Doris fue mi tabla de salvación, un rayo de luz en una de las tres semanas más oscuras de mi vida. Me di cuenta de que lo mío no era la vida nocturna: despertarme a las 13:00 para bailar por la noche hasta las 6:00 de la madrugada, ver la luz del día un ratito, tener que recorrer kilómetros para ir de una sala de baile a otra y esperar pacientemente a un lado de la pista a que alguien me sacara a bailar. Los consejos de Doris me aportaron consuelo y cordura, y dieron sentido a mi sufrimiento y mi tristeza. Su habilidad para ayudarme a hallar sentido a mis sueños, literalmente, me devolvió la cordura y la salud. Este libro puede ayudarte a conseguirlo.

Fue durante ese periodo oscuro, en el que estaba preocupada por mi edad, por ser deseable y por mis oportunidades para volver a encontrar el amor, cuando Doris me aseguró que la energía de diosa de las mujeres nada tiene que ver con la edad. De hecho, en una de nuestras sesiones, me dijo: «Querida, las diosas nunca envejecen». Esa frase —y la promesa que implicaba— se convirtió en un rayo de luz para mí, un rayo de esperanza, gozo y posibilidad. Esa semilla echó unas sólidas raíces en mi interior, y al final acabó convirtiéndose en mi libro *Las diosas nunca envejecen. La fórmula secreta para sentirte radiante, vital y disfrutar de bienestar a cualquier edad.* Este libro, y el programa especial de la PBS que vino a continuación, han ayudado a personas de todo el mundo a replantearse el envejecimiento y a ver la verdad que encierran las palabras del doctor Mario Martinez: «Cumplir años es inevitable. Envejecer es opcional».

Kali me arrebató un colgante de forma abrupta y violenta. Y me recompensó muchas veces, por haber estado dispuesta a adentrarme en el Infierno, para regresar con un verdadero tesoro. Mi guía en este viaje fue Doris Cohen. Ahora, con este libro, podrás beneficiarte de la misma guía. Doris me ayudó a transformar algo más que mi propia vida. Por extensión, a través de mi libro, me ayudó a transformar las vidas de muchos otros miles de personas de todo el mundo. Tengo una tremenda deuda de gratitud con ella, por haberme enseñado que puedo confiar en mis sueños para que me guíen a través de esas inevitables etapas de la vida en las que me he encontrado vagando por un desierto, totalmente desorientada. Doris me ha enseñado que cada sueño es un pequeño oasis que te indica dónde está la comida y el agua. Lo único que necesitas es conocer su lenguaje.

Mi trabajo con los sueños con Doris, que empezó en mitad de la noche en Buenos Aires, continúa hoy. Y aunque ya no estoy desbordada ni tengo el corazón roto —gracias, en parte, a este trabajo—, sigo sintiendo que mis sueños están cargados de energía e información, y suponen una guía única y mágica en mi vida.

Cada mañana, cuando me despierto, me quedo unos minutos en la cama revisando mis sueños. Luego grabo un audio en mi móvil para recordarlos. Presto atención al tema principal de cada uno de ellos y les pongo un título, como si fueran el titular de un periódico, tal como aconseja Doris. Cuando me parece oportuno, incluso vuelvo a entrar en el sueño y cambio el resultado, como enseña Doris. Más adelante, cuando he acumulado un cierto número de sueños, pido cita a Doris para revisarlos con ella.

Gracias a este proceso he adquirido mayor fluidez en el lenguaje de mis sueños. He aprendido a acceder a la magia de la noche. Y es verdaderamente sorprendente. Doris me recuerda con frecuencia que en nuestro inconsciente no existe el tiempo. Y es cierto. Cuanto más hago este tipo de trabajo, más cuenta me doy de que el tiempo, invariablemente, es *ahora*, y que no importa cuándo sucedió algo, siempre podemos cambiar nuestra reacción a aquel suceso y, de este modo, cambiar nuestro futuro.

Aquí tienes un ejemplo. Hace poco soñé que estaba en el funeral de la madre de una de mis amigas de toda la vida, a la cual llamaremos Carol. Ella, igual que mi madre, pensaba que la vida sin un marido apenas valía la pena. Su esposo había muerto hacía años y jamás se recuperó de su pérdida. Aunque tenía una buena educación y recursos económicos, estaba convencida de que no podía disfrutar saliendo a cenar, estando en un buen hotel o haciendo cualquier cosa agradable, si no era en compañía de un hombre.

En el sueño, una de las asistentes al funeral empezó con una risita tonta cuando le preguntaron sobre su primera experiencia sexual. Hablaba de que lo que sintió en la pelvis era tan inesperado que casi se cayó de espaldas. Recuerdo que pensé que al alma de Carol —mirándonos desde más allá del velo— le parecería muy divertido. Al salir de la casa de Carol, me di cuenta de que la entrada de coches, que era de tierra, y la calle donde estaba la casa habían sido adoquinadas con costosas piedras. Quedaba muy bonito. Sin embargo, todas las piedras estaban colocadas de punta y era muy difícil caminar sobre ellas.

Título del sueño: «Funeral de Carol».

Historia del sueño: mujer narra su primera experiencia sexual con hilaridad. Nuevo y lujoso empedrado delante de la casa. Difícil caminar sobre él.

Doris enseña que cada personaje del sueño es un aspecto del soñador, y que, en realidad, el propósito de la vida —y de nuestros sueños— es sanar al Sí-mismo. De modo que, en este sueño, el funeral de Carol representa la muerte de las ideas que ella encarnaba: de que una mujer que vive sola es «menos que nada». La hermosa calle empedrada representa el camino de mi alma, como pionera en la salud femenina. Es un camino hermoso, pero me ha costado mucho y no ha sido fácil seguirlo.

Mientras hablaba sobre este sueño con Doris, ella me aconsejó que dedicara unos momentos a celebrar el hecho de que mi alma hubiera realizado el trabajo que estaba destinada a hacer y, que ahora, ese camino fuera mucho más fácil y divertido. ¡Qué alivio! Dicho de otro modo: puesto que he hecho el trabajo, ya no he de seguir caminando por un sendero difícil.

Ahora te toca a ti. Tú también puedes aprender el lenguaje secreto de la noche, dejar que te guíe y sane tu vida. Recuerda que los sueños son la respuesta de tu alma. ¿De qué otra parte podrías sacar imágenes, sentimientos y consejos que fueran tan personales? ¡Y tu alma te proporciona su guía cada noche, totalmente gratis!

Todos soñamos. Ahora tienes el «manual del usuario» en tus manos para saber cómo trabajar con tus sueños de una manera práctica y sencilla, para que sean fructíferos. Lee este libro. Tómatelo en serio. Y empieza esta misma noche tu extraordinaria práctica de soñar. Te alegrarás mucho de haberlo hecho.

CHRISTIANE NORTHRUP, 4 de febrero de 2017

INTRODUCCIÓN

Se ha dicho que los sueños son mensajes de lo Divino, manifestaciones de emociones reprimidas y experiencias del inconsciente colectivo. Edgar Cayce dijo que procedían del espíritu y de la sanación, y que conllevaban un crecimiento espiritual. En cierto modo, todas estas explicaciones tienen algo de cierto. Entonces, ¿por qué he escrito este libro? Porque, a pesar de todo lo que se ha escrito sobre la interpretación de los sueños, todavía no ha habido nadie que lleve esta importantísima actividad al terreno práctico para que se pueda aplicar a la vida cotidiana en el estado de vigilia. Es como si alguien estuviera componiendo una hermosa música o creando las más bellas historias para nosotros cada noche y, simplemente, no les prestáramos atención. La consecuencia de esto es que parece que hemos perdido el sentido de la magia y la capacidad de asombrarnos que encierran los sueños.

Una de las mejores definiciones de los sueños que he visto jamás no procede de una conversación con profesionales, sino de un artículo del *U.S. News and World Report*: «La experiencia de soñar es tan claramente universal como el latido del corazón, y tan individual como la huella dactilar». Me encanta. Es sencilla, directa, y, como el mundo de lo inconsciente, ofrece un sinfín de posibilidades, tanto al científico como al poeta. Pero ¿a qué se refiere realmente?

No solo todos soñamos, sino que lo hacemos constantemente. Las investigaciones han revelado que soñamos de cinco a ocho veces cada noche. Sin embargo, muchas veces oigo decir a la gente: «Ah, yo nunca sueño» o «Antes soñaba, pero ahora ya no». No, no es así; simplemente, es que no recuerdan sus sueños.

Los sueños son imágenes y sensaciones, historias e inspiraciones. Las personas se inspiran en los sueños para hacer cosas extraordinarias en su estado de vigilia. La canción más versionada de la historia «Yesterday» de los Beatles, interpretada cientos de veces por diferentes artistas, con diferentes arreglos fue fruto de un sueño que tuvo Paul McCartney. ¡Una mañana se despertó, recordó la melodía y la letra que había escuchado en el sueño, cogió un bolígrafo y la escribió! El resto es historia. Paul McCartney no es el único, por supuesto. Cuando Elias Howe, el inventor de la máquina de coser, estaba intentando encontrar la manera de enhebrar una aguja que se adaptara a la máquina que había diseñado, tuvo un sueño que la mayoría de las personas hubieran calificado de pesadilla y lo hubieran desechado. Soñó que había sido apresado por un grupo de caníbales que estaban preparando su festín, que iba a ser él. Mientras bailaban alrededor del fuego, observó que sus lanzas, las cuales movían rítmicamente hacia arriba y hacia abajo, tenían pequeños agujeros cerca de su punta. Al despertarse, la vívida imagen de los agujeros y el movimiento rítmico de subir y bajar de las lanzas le sirvió para darse cuenta de que, si cambiaba el ojo de la aguja y lo colocaba cerca de la punta que perforaba la ropa, la máquina podría coser sin interrupciones, sin que se enredara el hilo. Este descubrimiento, inspirado en un sueño, fue lo que hizo posible su invento.

Luego, ¿de dónde vienen estos sueños? A lo largo de la historia las personas han supuesto muchas cosas respecto a los sueños. Algunas los han menospreciado, considerándolos un *collage* aleatorio de recortes mentales, mientras que otras se han acogido al concepto más amplio de que los sueños son regalos de alguna fuerza espiritual externa. Estas visiones empezaron a cambiar a medida que las personas tuvieron más acceso a la educación y empezaron a desarrollar sus opiniones personales y a hacer asociaciones. En realidad, aunque los sueños, a veces, puedan tener algunos aspectos de *collage* aleatorio o profético, la inmensa mayoría de nuestros sueños se componen de información que ya tenemos en nuestro inconsciente individual.

De hecho, la interpretación de los símbolos que se presenta en nuestra vida en estado de vigilia es un vínculo entre nuestra forma típica, consciente y propia del hemisferio izquierdo, de interpretar la información y las posibilidades de interactuar con el mundo, bajo la perspectiva del hemisferio derecho, que está más relacionado con lo inconsciente. El hemisferio izquierdo representa el estado de vigilia, el mundo consciente. Es nuestro aspecto analítico y nuestra energía masculina, y controla el lado derecho de nuestro cuerpo. Representa la energía de los hombres de nuestra vida. Los sueños, sin embargo, son principalmente funciones del hemisferio derecho. El hemisferio derecho de nuestro cerebro regula nuestra vida durmiente —nuestro mundo inconsciente y aspecto intuitivo— y es la energía femenina que controla el lado izquierdo de nuestro cuerpo. Así que, cuando soñamos, conectamos con la energía de las mujeres de nuestra vida. Cuando despertamos, abandonamos el mundo inconsciente del lado derecho del cerebro y cruzamos al mundo consciente del lado izquierdo.

Este cruce se produce figurativa y literalmente. Hay una banda de nervios que conectan el hemisferio izquierdo con el derecho. Vamos a considerarlo un puente. Cuando despertamos cruzamos el puente desde el mundo de los sueños, cuyo lenguaje es simbólico (imágenes, sensaciones, sentimientos, colores) hasta el mundo consciente de nuestro aspecto analítico, donde el lenguaje es tal como lo conocemos (verbal, literal y racional). Pasar del mundo visual y simbólico en el que vivimos durante la noche al mundo literal y verbal en el que habitamos durante el día es tan traumático como sería pasar en un instante de China a Estados Unidos. Imagina que estás disfrutando de la riqueza de la poesía china y que, de repente, te encuentras leyendo el *Wall Street Journal* en un taxi que te lleva por Manhattan. ¿Te gustaría abordar tu experiencia en Manhattan dejando de lado y olvidando lo que aprendiste leyendo en China? En cierto modo, esto es lo que sucede cuando no practicas cómo cruzar el puente que une ambos hemisferios cerebrales. Cada mañana te levantas sin herramientas que te permitan interpretar y aprender las lecciones que se te presentaron en tus sueños. Y todas esas lecciones y esos mensajes se pierden irremediablemente, a menos que aprendas a recordarlas y a explorarlas.

Todos tenemos la facultad de recordar más de nuestros sueños, entenderlos mejor y aplicar todo lo que hemos aprendido de ellos en nuestra vida cotidiana. La práctica o la repetición del proceso no solo te servirán para ampliar tu nivel de conocimiento del lenguaje de los símbolos y de lo inconsciente, sino que, con perseverancia, alcanzarás la fluidez. Esta fluidez te ayudará a hacer cambios para que goces de una vida más enriquecedora y plena y lo consigas rápida y fácilmente. Además, al transformar tu propia vida, empiezas a ejercer una influencia positiva y apreciable en las personas que te rodean y, en última instancia, en toda la humanidad.

Mi propia experiencia corrobora hasta qué extremo la práctica y la repetición sirven para que profundices en tu comprensión de los sueños y en tu inconsciente. Yo solía recordar unos tres sueños al año, de los casi 2.000 o 3.000 sueños que todos acostumbramos a tener anualmente. Hace muchos años, me integré en un grupo de estudio formado por personas interesadas en el tema que se reunía cada semana para compartir y hablar de sus sueños y sus metas y de espiritualidad en general. Todos describíamos nuestros sueños para el coloquio. Y así fue cómo aprendí a recordar mis sueños y a interpretarlos de formas útiles y que se pudieran aplicar directamente en la vida cotidiana. Con la práctica y en un periodo de tiempo relativamente corto (no más de tres semanas), aprendí a recordar al menos tres sueños a la semana. A base de repetir y de práctica, pasé de recordar tres sueños al año a más de 150. Aunque esta cifra sigue siendo solo una parte del número de sueños que tenemos anualmente, para mí fue un esperanzador comienzo que me condujo a desarrollar un proceso para recordar y explorar los sueños que funciona como si fuera un amuleto.

Este proceso es muy sencillo. De hecho, la única razón por la que la mayoría de las personas no recuerdan y analizan habitualmente sus sueños es porque nadie les hace hincapié en la importancia de recordarlos. En nuestra ajetreada y tecnológica sociedad no nos enseñan a recordar; simplemente, no tenemos ninguna práctica de memorizar. En algunas culturas es normal que las personas se sienten en torno a la mesa del desayuno y hablen de sus sueños. Las personas que pertenecen a estas culturas llevan toda la vida practicando el recuerdo de los sueños, y los comparten y hablan de ellos con naturalidad. En nuestra cultura, por el contrario, nos despertamos, saltamos de la cama, nos duchamos y nos vestimos, encendemos la tele para ver las noticias, nos quedamos con los titulares más llamativos, nos fijamos en los informes sobre el estado del tráfico y del tiempo, escuchamos los acontecimientos mundiales y las alertas terroristas y, sin que nos hayamos dado cuenta, estamos totalmente inmersos en el mundo exterior, y nuestros sueños desaparecen. Nuestra conexión con el mundo de lo inconsciente queda interrumpida, finalizada. Nos sumimos totalmente en el lado izquierdo de nuestro cerebro, sin habernos dado la oportunidad de hacer una pausa, cruzar el puente entre los mundos inconsciente y consciente y reflexionar sobre lo que hemos experimentado y lo que podemos aprender de ello.

A lo mejor recuerdas algún sueño de tanto en tanto. Quizás has estado preocupado todo el día por un sueño en el que se te incendiaba la casa y has consultado un «diccionario de sueños» para intentar sacar alguna idea que pueda dar sentido a las imágenes aparentemente aleatorias que viste en tu sueño. Bien, en mi opinión, eso no te llevará a ninguna parte. No es el tema de este libro. Aunque el propósito del mismo sea descubrir qué imágenes de tus sueños tienen algún sentido para ti, en esencia, este libro trata del aprendizaje del lenguaje de tu inconsciente, el lenguaje de los símbolos. Lo inconsciente, al igual que lo Divino, se comunica a través de símbolos. Al mejorar tu fluidez en el lenguaje de los símbolos, no solo te resulta más fácil interpretar tus sueños, sino que creas una continuidad entre tus mundos consciente e inconsciente, lo cual te permite utilizar los símbolos para entender mejor tu vida en el estado de vigilia. Los sueños son una vía de entrada, el conducto a través del cual puedes empezar a aprender este lenguaje.

Sin embargo, a diferencia del lenguaje hablado, el de los símbolos no se puede restringir a un diccionario o gramática práctica para aprender su significado. No existe un manual de referencia en el inconsciente colectivo que nos ayude a interpretar nuestros sueños y sus símbolos con exactitud. Tu lenguaje simbólico único y personal no admite explicaciones arbitrarias recopiladas por otros. Los denominados «diccionarios de sueños» no sirven para nada, aunque puedan tener algún elemento cierto, que pueda inducirte a que te lo tomes en serio. En este libro no te voy a decir lo que significan tus sueños. No necesitas que nadie te diga lo que significan. Más bien, lo que pretendo es ayudarte a descubrir su significado por ti mismo; en gran parte, como aprendí a hacerlo yo.

Hace una veintena de años, en una sesión de terapia con una paciente, de pronto tuve una intuición sobre lo que podía significar su sueño. Se lo dije y, de pronto, para ella todo cuadró: las piezas encajaron en su lugar y cobraron sentido. Teníamos al alcance de la mano todo lo que necesitábamos para entender su sueño. Aplicamos esa información a lo que le estaba sucediendo en su vida y salió de la consulta sintiéndose mucho mejor. A partir de ese día, cada vez que trabajo con los sueños recuerdo la intuición que me ayudó a atar cabos. Y he intentado que esa intuición estuviera presente en los más de 15.000 sueños en cuya interpretación he trabajado desde entonces: para mis pacientes y amistades, así como para mi familia y mis amigos. Esta importante revelación me sirvió para desarrollar el proceso de los siete pasos que presento aquí.

En la Parte I de este libro, veremos la fisiología y la psicología de los sueños; luego, exploraremos el lenguaje de los símbolos que utilizan para comunicarse con nosotros. En la Parte II, veremos el proceso de los siete pasos para recordar los sueños y analizarlos con detalle, así como de qué modo cada uno de ellos puede acercarte a la comprensión de los mensajes simbólicos de tus sueños. Los pasos son deliberadamente sencillos y fáciles de aplicar, para facilitar su inclusión en la rutina cotidiana sin que se conviertan en una carga. Resumiendo, son los siguientes:

Paso 1. Recuerda y anota los sueños.

Paso 2. Ponles título.

Paso 3. Lee o repite tu sueño en voz alta, hablando lentamente.

Paso 4. Reflexiona sobre qué es lo más importante en tu vida en estos momentos.

Paso 5: Describe los objetos, los personajes o las cualidades de tu sueño como si estuvieras hablando con un marciano.

Paso 6. Resume el mensaje de tu sueño.

Paso 7. Aprovecha los consejos que te está ofreciendo.

En la Parte III, veremos cómo les han funcionado estos pasos a otras personas. En la Parte IV, empezarás a aplicarlos para interpretar tus propios sueños.

Tus sueños son valiosos porque contienen información de tu inconsciente que te incumbe a ti directamente. Una vez hayas conseguido recordar un sueño, podrás aplicar unas sencillas herramientas para empezar a encontrarle sentido que compartiré contigo en este libro. Lo que pretendo es enseñarte a entender tus sueños con estos sencillos pasos, que te guiarán a través de todo este proceso. Estos te servirán para lograr un conocimiento más claro de tu vida inconsciente, el cual, a su vez, te ayudará a entender mejor tu vida en el mundo.

Parte I

El ABC
de los sueños

1

¿Qué son los sueños?

La mayoría de las personas no prestan atención a sus sueños debido al concepto fuertemente arraigado de que estos no son más que un ruido en nuestro cerebro, vestigios de las experiencias que tenemos despiertos, que quedan registrados en nuestro sistema nervioso. Voy a ser sincera: esa suposición es falsa. Sí, existen diferentes patrones de ondas cerebrales; algunas están relacionadas con los sueños y otras con nuestra vida consciente. Pero, solo porque no sepamos qué quieren decir nuestros sueños o no conozcamos su procedencia exacta, no significa que simplemente sean un ruido que debamos ignorar. Este es uno de los grandes errores de la medicina moderna: suponer que desconocer la explicación de algo implica que no existe explicación para ello.

La tradición de los sueños

Según la Biblia, los sueños son proféticos y proceden de Dios. En el antiguo Egipto, los sacerdotes viajaban por distintos niveles de consciencia para acceder a lo que ellos llamaban la «biblioteca mágica», a fin de ayudar a las personas que les pedían que interpretaran sueños especialmente vívidos. En la antigua Grecia se creía que los sueños procedían de Asclepio, el dios de la medicina. Las personas que padecían un desequilibrio o una enfermedad pedían a los sacerdotes de Asclepio que interpretaran sus sueños para curarlas.

En los tiempos modernos, Sigmund Freud abrió la puerta a que pensáramos en el inconsciente, dándonos a entender que los sueños que surgían del mismo eran expresiones de los impulsos sexuales y la agresividad reprimida durante nuestro estado de vigilia. De hecho, se refirió a los sueños como «el camino real a lo inconsciente». Sin embargo, interpretar los sueños como simples disfraces de nuestra agresividad y nuestros impulsos sexuales es muy restrictivo y limita nuestra humanidad a una única dimensión. Al fin y al cabo, somos mucho más que sexo y agresividad. Como expresiones de la energía divina, somos sueños, esperanzas, ideas, espiritualidad, juego y placer.

Carl Jung, que fue quien amplió el trabajo de Freud, habló del inconsciente colectivo —un depósito de experiencias que comparte la humanidad— como la fuente de los sueños. Dicho de otro modo, a diferencia de Freud, creía que los sueños conectaban con algo que *trascendía* al individuo. Sin embargo, la explicación de Jung tampoco nos facilitó aprender de nuestros sueños. Pues, aunque todos estemos conectados a través de un inconsciente colectivo, ¿cómo puedo interpretar los mensajes a los que accedo del inconsciente colectivo de alguien que, por ejemplo, vive en la China rural? A mí lo que me preocupa es *mi* vida, *mis* experiencias, para poder cambiar *yo*. Si das por hecho que los sueños solo están relacionados con el inconsciente colectivo, eso reduce tu relación personal con tu propio inconsciente. Lo cierto es que nuestros sueños son para ayudarnos a cambiar. Tu sueño es para que *tú* te cambies a *ti* mismo. Es muy importante que recuerdes esto.

Actualmente, muchas personas creen que los sueños no son profecías, ni represiones, ni expresiones del inconsciente colectivo, sino meros vestigios de las cosas que hemos experimentado durante el día. No voy a negar que hay algo de cierto en ello. Si ves una película del Oeste antes de dormirte, puede que te quedes dormido y sueñes que eres un vaquero, que vas montado en tu caballo al atardecer. Al despertarte, quizás pienses que tu sueño era una tontería y digas: «Bueno, estaba viendo una película del Oeste y eso explica el sueño que he tenido». Sin embargo, puede que no sea así. Tal vez, hayas soñado en el contexto de la película que estabas viendo antes de acostarte porque de ese modo es más probable que al día siguiente recuerdes ese mensaje.

En otras palabras, nuestro inconsciente utiliza los acontecimientos del día como refuerzo. En este caso, puede que el mensaje del sueño sea que vas de viaje y que sientes que eres tú quien lo controla. Es posible que el mensaje haya sido transmitido de manera que reproduce parte de lo que te ha sucedido durante el día, pero el contenido simbólico habría sido comunicado de un modo u otro aunque no tuviera ninguna relación con lo que has hecho. Adentrarnos en nuestro inconsciente sin ningún vínculo es aterrador. No obstante, si la película nos conecta con el inconsciente y soñamos con la misma, esto nos aporta una conexión que hace que nos resulte más fácil recordar su significado cuando regresamos a nuestro estado de vigilia.

El soñador siempre sueña con el soñador. Por consiguiente, tus sueños siempre están relacionados contigo, con *tu* historia, *tu* vida y *tus* experiencias conscientes. Esta es la razón por la que suelen tener relación con tus experiencias en vigilia: con las relaciones, las esperanzas, las expectativas y los miedos de tu mundo consciente.

Tipos de sueños

Existen muchos tipos de sueños: grandes, pequeños, temáticos, recurrentes, incluso pesadillas. A continuación tienes una lista de los sueños más habituales.

* **Sueños precognitivos:** son aquellos en los que sueñas algo que sucede en el futuro.

* **Sueños intuitivos:** son menos específicos que los precognitivos y conllevan la sensación de que va a pasar algo.

* **Sueños de advertencia:** son aquellos en los que se te previene sobre algo que está a punto de pasar.

* **Sueños relacionados con la salud:** son los que te informan sobre tu propia salud o la de otra persona.

* **Sueños de la palmadita en la espalda:** son aquellos en los que se te congratula por algún logro.

* **Sueños de embarazo:** pueden ser premonitorios de un embarazo físico, o augurar simbólicamente que estás preparándote para dar a luz a nuevos aspectos de tu Sí-mismo.

* **Sueños con la muerte:** son aquellos en los que prevés la muerte de alguien o la tuya propia.

* **Sueños de vidas pasadas:** son aquellos en los que exploras vidas pasadas a través de la regresión.

* **Pesadillas:** son los sueños en los que experimentas tus miedos más profundos.

* **Sueños recurrentes:** son los que te aportan mensajes importantes sobre patrones de tu vida que son potencialmente preocupantes.

* **Sueños de guía:** son los que te ayudan a tomar decisiones o a realizar cambios en tu vida.

* **Sueños lúcidos:** son aquellos en los que eres consciente de que estás soñando.

Muchas personas tienden a ver los sueños precognitivos como predicciones. Pero no necesariamente es así y, desde luego, no lo es en un sentido constrictivo o limitador. Los sueños precognitivos pueden alertarte de algo que, efectivamente, sucede en el futuro. Pero nunca condicionan tu vida consciente. Jamás nos presentan acontecimientos o situaciones que *deban* ocurrir en el futuro. Generalmente, procuro no dar demasiada importancia a los sueños precognitivos, porque, a decir verdad, los sueños verdaderamente premonitorios no son muy frecuentes. Por otra parte, por desgracia, muchas personas empiezan a pensar que todos sus sueños terroríficos son precognitivos y viven aterrorizadas. De ahí que no sea una buena idea suponer que tus sueños predicen tu futuro, porque los sueños te comunican algo claro y urgentemente en un nivel simbólico, no literal.

Yo tuve un sueño precognitivo que ilustra esto. En 1980 tuve un accidente de coche y me lesioné la espalda. Durante mi recuperación soñé que mi padre, que en aquel entonces estaba sano y en plenas funciones, iba en una silla de ruedas. Me angustié mucho y me sentía abrumada, porque estaba convencida de que el sueño predecía que se quedaría paralítico. En 1982 tuvo un episodio físico parecido a un accidente cerebrovascular y estuvo inconsciente durante diez días. Cuando recobró la consciencia y empezó a curarse, le pregunté por qué había regresado. Me respondió que había vuelto porque quería seguir ayudando y apoyando a su familia y a su gente. Vivió nueve años más. Su último año fue muy duro para él. Se quedó confinado a una silla de ruedas; no estaba paralítico, pero sí muy enfermo.

Eso fue en 1990, así que mi sueño, en cierto modo, fue claramente precognitivo. Sin embargo, incluso en este sueño sobre mi padre había información simbólica útil que trascendía lo meramente premonitorio. La silla de ruedas representaba la limitación. Para mí, mi padre representaba la fe absoluta e incondicional. Cuando tuve el sueño, me estaba recuperando de un accidente y sufría muchos dolores. En mi sueño, mi fe estaba tan maltrecha que se había quedado confinada a una silla de ruedas. O sea que sentía mucho dolor, malestar y miedo a no conseguir recuperarme: a tener que vivir siempre con dolores. Sin embargo, ese dolor fue el que me condujo a la medicina y a las terapias holísticas, a descubrir la relación entre mi cuerpo y mi yo, que supuso una importante revelación para mí y me ayudó a mejorar mi salud. Sin él, no hubiera sentido la motivación para indagar en la medicina holística.

No importa qué tipo de sueño experimentes, sino que recuerdes que el soñador siempre sueña consigo mismo. Por lo tanto, tus sueños siempre son acerca de *ti*. Son el puente entre el mundo consciente de tu estado de vigilia cotidiano y el mundo de tu propio inconsciente, y viceversa. Por lo tanto, sus mensajes siempre transmiten información sobre *ti*, que cuando sepas descifrar su significado podrás aplicar de maneras prácticas. En el capítulo siguiente veremos cómo el cerebro percibe y transmite estos mensajes, así como la forma en que puedes empezar a usar la información para avanzar en tu vida en estado de vigilia.

* * * * * * * * * * * * * *

Resumiendo...

1. Los sueños son un puente entre los mundos consciente e inconsciente.

2. El soñador siempre sueña con el propio soñador. De modo que tus sueños siempre son sobre *ti*.

3. Existen muchos tipos de sueños, cada uno de los cuales tiene una función simbólica diferente.

4. Los sueños precognitivos nunca son premonitorios en un sentido limitado, aunque puedan presentarnos posibilidades de algo que va a suceder en el futuro.

2

La fisiología de los sueños

Todo lo que existe en este mundo se puede percibir como una ola o un ciclo, desde las olas del mar hasta las fases de la luna. El sueño y los sueños no son una excepción. Nos dormimos, soñamos y despertamos. Durante todo ese proceso, nuestro cerebro también experimenta ciclos en los que las ondas cerebrales van más rápidas o más lentas. La fase en la que estamos activos y despiertos y hablamos se llama fase *beta*. En la fase beta, nuestro cerebro trabaja de doce a cuarenta y ocho ciclos por segundo. La fase siguiente se denomina *alfa*; en esta fase, las ondas cerebrales son más amplias y lentas, a un ritmo de ocho a doce ciclos por segundo. Esta fase es propicia para practicar la sugestión autohipnótica, de la cual existe una variante que nos ayuda a recordar los sueños, proceso del que hablaremos más adelante y que practicaremos.

La transición entre las fases beta y alfa es lo que provoca esa sensación repentina de que te estás cayendo, que a veces te saca de un sueño ligero. La razón por la que tienes esta sensación y te despiertas sobresaltado es porque, al entrar en la fase alfa —a medida que te adentras en tu inconsciente—, experimentas una desconexión entre tus ondas cerebrales y tu cuerpo. A veces tu cuerpo no sigue el mismo ritmo de relajación que tu mente, lo cual produce la sensación de caída y el despertarse de golpe. Si tienes la oportunidad de volver a dormirte, es probable que te duermas más fácilmente.

Después de la fase alfa de la actividad cerebral viene la fase *zeta*, en la que estás totalmente dormido y tu cerebro trabaja a un ritmo de dos a ocho ciclos por segundo. Por último, está la fase *delta*, en la que estás profundamente dormido y el cerebro trabaja solo a medio o un ciclo por segundo. Durante el sueño nocturno, tu cerebro entra y sale de estas fases: de alfa a zeta, luego a delta, después de vuelta a zeta y alfa, y así sucesivamente. Cada sueño es un ciclo, y cada noche, mientras duermes, pasas por aproximadamente de cinco a ocho de estos ciclos. Por consiguiente, tienes de cinco a ocho sueños cada noche. Esto es lo más típico en la mayoría de los adultos, salvo que estén tomando alguna medicación que, hasta cierto punto, podría velar los sueños. Más adelante veremos los efectos de algunos medicamentos; me refiero tanto a los medicamentos con prescripción médica como a los antidepresivos o ansiolíticos, y a sustancias utilizadas para automedicarse, como el alcohol y la marihuana. Todos ellos pueden afectar no solo a tu cuerpo, sino a tus sueños.

Cabe destacar que las personas que meditan habitualmente, como los monjes, tienen la facultad de entrar en la fase delta de la actividad cerebral estando totalmente despiertas. Los estudios han demostrado que, aunque estén despiertos y alerta, sus ondas cerebrales generan unos ciclos muy lentos. Esto indica que tienen un control extraordinario y absoluto sobre su cuerpo y su inconsciente, dado que estando en este último pueden seguir funcionando en el estado de vigilia. La meditación es una herramienta maravillosa que funciona muy bien para apaciguar la mente y proporcionarnos paz. En nuestro mundo moderno, sin embargo, dedicar muchas horas a meditar no es una solución demasiado práctica para nuestros problemas cotidianos. Por esta razón, necesitamos herramientas más rápidas, sencillas, profundas y perspicaces para llegar a nuestro inconsciente.

La razón por la que cada noche pasamos por estos ciclos del sueño es, en parte, garantizar nuestra restauración física. Cuando experimentas el sueño REM («movimiento rápido de los ojos», por sus siglas en inglés), estás potenciando el aprendizaje y la memoria en el plano fisiológico, en el plano celular. Los científicos del sueño creían que los sueños solo se producían durante el REM, pero las investigaciones han revelado que, en realidad, también se producen en estados de sueño no-REM. En sus estudios descubrieron que las personas que se despertaban de estados de sueño profundo, como zeta o delta, también tenían sueños, aunque no se movieran sus ojos de un lado a otro con los párpados cerrados (que es lo que caracteriza al sueño REM). Han podido confirmar esto monitorizando las ondas cerebrales de voluntarios mientras dormían. Los sueños que no se producen durante el REM, básicamente, tienen lugar en la fase de sueño más profundo, es decir, la fase delta. Para salir de la fase delta, tu cerebro ha de ascender hasta la fase zeta y luego la alfa; esta es la razón por la que solemos recordar más nuestros sueños REM. Los sueños que experimentamos en la fase delta son lejanos y difíciles de recordar, debido al carácter profundo de esta fase del sueño.

El sueño y tu salud

Actualmente está emergiendo en todo el mundo una auténtica industria en torno al rejuvenecimiento y el *antiaging*, que se basa en la potencia de las hormonas del crecimiento. Esto es importante mencionarlo, porque la fase delta y el sueño no-REM están implicados en la síntesis de proteínas y en la liberación de hormonas del crecimiento. Aplicado a nuestra vida cotidiana, esto significa que si no dormimos la cantidad de horas necesarias ni lo bastante profundo, nuestro cuerpo no liberará suficientes hormonas del crecimiento. Esto es perjudicial, porque la hormona del crecimiento facilita el crecimiento físico y emocional, incluido el nivel celular. En la infancia liberamos abundantes cantidades de hormona del crecimiento, pero cuando llegamos a los veinte y pocos años la liberación de estas hormonas empieza a disminuir. Sin embargo, a lo largo de nuestra vida, la liberación de esta hormona se produce a través del sueño profundo. En un ciclo de sueño normal empiezas por beta, luego pasas a alfa y a zeta, antes de llegar a delta. Pero hace falta tiempo para llegar a las fases más profundas. Si no duermes durante periodos lo suficientemente largos, cabe la posibilidad de que tus ciclos de sueño no sean apropiados. En lugar de experimentar de cinco a ocho ciclos por noche, quizás solo experimentes uno o dos, o que nunca alcances la fase delta. La consecuencia es que no liberarás suficiente cantidad de la revitalizante hormona del crecimiento como para conservar tu salud.

La falta de sueño profundo también tiene otros efectos perjudiciales sobre tu cuerpo; por ejemplo, en la regulación del peso. Cuando no duermes lo bastante profundo, tus sistemas corporales no llegan a relajarse. Por consiguiente, tus adrenales no descansan suficiente y siguen segregando cortisol, que a su vez afecta a los niveles de insulina. Esto puede producir picos de insulina crónicos o, incluso, problemas en la secreción de insulina. Si existe una disfunción en la secreción de insulina, se desequilibran los niveles de insulina y de azúcar y empiezas a engordar, porque cuando el nivel de insulina no está equilibrado, casi todo lo que consumes queda almacenado como grasa. El exceso de cortisol le envía el siguiente mensaje a tu cerebro: «Estoy estresado y necesito más energía. Por lo tanto, deposita la comida que ingiero en forma de grasa, así tendré más energía para afrontar esta crisis». Es así como estamos diseñados.

Generalmente se necesitan de seis a ocho horas de sueño profundo para estar sanos. Si te has autoconvencido de que no puedes «malgastar» de seis a ocho horas cada noche, recuerda que concederte suficiente tiempo para alcanzar los niveles profundos del sueño es imprescindible para tu salud física y hormonal, tu aspecto, tu juventud, tu peso, tu cerebro, tu mente, tu corazón, tu páncreas y tu hígado, y podría seguir citando. ¿Crees que regenerar tu cuerpo y tu mente es una pérdida de tiempo? Probablemente, no. De modo que procura dormir cada noche de seis a ocho horas.

Reconozco que para muchas personas dormir de seis a ocho horas seguidas es muy difícil. Luego, ¿cómo puedes encontrar un equilibrio saludable? Empieza por tomar la decisión de hacerlo paulatinamente. Fíjate una meta y comienza a aplicarla gradualmente. Durante la primera semana procura dormir cada noche, al menos, cinco horas. Cuando lo hayas conseguido durante una o dos semanas, sigue adelante y amplía tu meta a seis horas.

Dormir la siesta también es una técnica muy útil. En España, por ejemplo, todo está cerrado después de comer. La gente se va a casa, toma allí la comida principal y duerme de dos a tres horas. Luego, por la tarde retoma sus actividades y cena muy tarde, como a las 22:00 o las 23:00. La sabiduría que encierra este estilo de vida trasciende la mera adaptación a un clima cálido. Los estudios han revelado que a eso de las 14:00 el cuerpo entra en un ciclo en el que sentimos mucha somnolencia. La glándula tiroides empieza a trabajar más lentamente y todo el cuerpo se ralentiza, ofreciéndole al organismo la oportunidad de descansar, antes de que vuelva a subir su nivel de energía. Es posible que tengas hambre y que quieras hacer una pausa, o ir más despacio, relajarte y descansar. En nuestra alocada sociedad occidental, sin embargo, la mayoría de las personas trabajan de un tirón hasta las 17:00, así que se han de tomar otra taza de café, fumar un cigarrillo, comer algo azucarado o beber un refresco energético. Pero esto va en contra del ciclo natural. En este ciclo se tiene más energía por la mañana, cuando se segregan las hormonas que nos preparan para la actividad. La energía empieza a descender al mediodía; más tarde, al cabo de unas dos horas, empieza a ascender de nuevo. Por consiguiente, si realmente quieres seguir los ciclos y ritmos naturales de tu mente y de tu cuerpo, deberías descansar al mediodía.

Aprender a dormir «siestas poderosas» es una buena forma de mitigar la falta de sueño. Puedes entrenarte para disfrutar de los beneficios de estas siestas mediante ejercicios de respiración profunda. Cierra los ojos e imagina que estás sentado debajo de un árbol enorme y con mucha sombra, al borde de un lago o río. Inspira y espira. Tu cerebro es una criatura de costumbres y aprende por repetición. Su primera reacción a este ejercicio podría parecerse a esto: «Espera un momento, este patrón es diferente. He de volver a la normalidad, así que mejor me despierto». No obstante, aunque te despiertes, no te levantes. Haz otra pausa y unas cuantas respiraciones profundas más. Vuelve a la sombra e inspira y espira.

Puesto que estás acostumbrado a trabajar, a estar siempre haciendo algo, tu cerebro ha aprendido a mantenerte a punto para que consigas seguir el frenético ritmo al que estás acostumbrado. El truco está en ignorar las respuestas automáticas de tu cuerpo y en volver a entrenar a la amígdala —en el mesencéfalo, donde se regula la secreción de cortisol— para tranquilizarte y descansar. Puede que tus adrenales estén alteradas y que le estén enviando mensajes a tu tiroides para que intervenga; tu mente quizás se resista, y te diga venga, venga, venga. Pero, aunque te veas forzado a volver a tu estado consciente, sigue respirando lentamente durante cinco o diez minutos. Aunque estés consciente todo ese rato, no te preocupes. Si adoptas la técnica gradualmente, tu cerebro tendrá menos dificultades para adaptarse. Si lo fuerzas demasiado e intentas cambiarlo de manera muy drástica o demasiado rápida, se negará a cooperar. El cerebro aprende por repetición y responde a una de las leyes más importantes de Dios: la Ley de la Conservación de la Energía. El cerebro lo que quiere es conservar la energía, así que hace lo que sabe hacer. Opone resistencia a nuevos métodos porque ha de emplear mucha más energía en aprender nuevos patrones.

A pesar de que algunas personas insisten en que no sueñan, es imposible no experimentar parte del sueño REM. De hecho, si te faltan horas de sueño experimentarás todavía más sueños REM, porque tu inconsciente intentará compensar esa carencia. En la década de 1950, un locutor de un programa de radio de Nueva York decidió privarse del sueño mientras pudiera aguantar e ir informando de su experiencia durante el proceso. Estuvo despierto durante casi siete días, siempre bajo supervisión médica. Sin embargo, como la mayoría de las personas de la época, los médicos no tenían suficientes conocimientos sobre el sueño o la falta del mismo como para proteger la salud del locutor. A raíz de este experimento, se desorientó y trastocó de tal manera que esta situación casi terminó con su matrimonio y estuvo a punto de suicidarse. A medida que pasaba el tiempo, se fue volviendo hiperemocional y acabó perdiendo el control por completo.

Cuando no le permites a tu cerebro entrar en el estado REM, para poder acceder a las fases del sueño, este reacciona forzándote a compensar esa carencia durante el día. Lo que le sucedió al locutor fue que empezó a entrar en el mundo inconsciente durante el día. Pero, como técnicamente estaba despierto, no se daba cuenta de que estaba soñando despierto. Esto lo condujo no solo a sentirse desorientado, sino también a parecerlo, es decir, se le veía ausente. Su inconsciente inconsecuente salía a la luz, por más que intentara relacionarse y acudir a su trabajo consciente y racionalmente. Es decir, aunque lo que le estaba sucediendo fuera normal, parecía que había perdido la razón, porque los parámetros del inconsciente son muy distintos.

Si eres como la mayoría de las personas, es posible que hayas experimentado una versión más leve de esta circunstancia. Si no has dormido bien, a lo mejor te sobresaltas de pronto, como si hubieras estado durmiendo, aunque estuvieras despierto. La mayoría de las personas experimentan estas «ventanas emergentes» a finales de la tarde, cuando sus ondas cerebrales empiezan a ir lo suficientemente lentas, como para empezar a restablecer el sueño REM, que han perdido durante varias noches seguidas, en un intento de iniciar la restauración física y psicológica.

Una paciente me describió que le sucedía esto cada semana cuando iba a cenar a casa de su madre. «Cuando terminamos de cenar, se pone a hablar, se levanta y recoge la cocina. Y, de pronto, yo dejo de estar consciente. Tengo los ojos abiertos y la estoy escuchando, pero, de repente, veo algo que no tiene nada que ver con lo que ella me está diciendo: un autobús escolar, que lleva a los niños, colina abajo. Entonces, tengo una respuesta física. Todo mi cuerpo experimenta una sacudida, y mi madre me dice que me he quedado dormida encima de la mesa. Yo lo niego, por supuesto, pero tiene razón.» Este tipo de experiencia se parece a estar dormido y tener un sueño. Quizás mi amiga se permite entrar en ese estado cuando está en un entorno en el que se siente segura, como la casa de su madre, o porque está muy llena y siente que, por fin, se puede relajar.

Los sueños —y los patrones de sueño saludables— son una parte importante para disfrutar de una vida saludable y productiva. Pero, por importantes que sean los mensajes que nos transmiten de nuestro subconsciente, desempeñan un papel importante en mantener sano nuestro cuerpo y equilibrada nuestra vida. En el capítulo siguiente veremos cómo los sueños también desempeñan una función importante en mantener nuestra salud y nuestro equilibrio mental.

❋ ❋ ❋ ❋ ❋ ❋ ❋ ❋ ❋ ❋ ❋ ❋ ❋ ❋

Resumiendo...

1. Los ciclos del sueño regulan importantes funciones corporales que afectan a tu salud.
2. Los sueños son una parte importante de los ciclos que regulan el sueño.
3. La mayor parte de los sueños tienen lugar durante el sueño REM (movimiento rápido de los ojos), pero también pueden tener lugar en los estados no-REM.
4. La falta de sueño, y la correspondiente falta de sueños, pueden tener efectos adversos tanto en el estado de vigilia como en tu salud.

3

La psicología de los sueños

os sueños te hablan en el lenguaje del inconsciente. Pero las alucinaciones son otra forma en que te habla tu inconsciente. Si tu base, tu vida cotidiana, no es muy estable, cabe la posibilidad de que cruces del mundo consciente al inconsciente sin control alguno. Los médicos lo llaman esquizofrenia o psicosis. La psicosis, sin embargo, es simplemente no darte cuenta de que te estás relacionando con el mundo consciente a través del inconsciente. No te lo digo despectivamente. Los estudios han demostrado que, cuando las personas no duermen lo suficiente o les faltan estímulos (privación sensorial, o inmersión en un tanque de aislamiento con agua caliente sin luz ni ruido), entran en un estado de consciencia alterado; es decir, empiezan a alucinar.

Existe la tendencia a considerar que todas las alucinaciones son malas. A las personas que las tienen las medicamos y las llamamos psicóticas. Es indudable que las alucinaciones pueden ser abrumadoras y peligrosas. Sin embargo, no todas son perjudiciales. De hecho, alucinar no es más que un estado en el que se sueña despierto. En muchos casos no es nocivo, sino una señal de que la mente y el cuerpo intentan equilibrarse. El equilibrio es la ley universal. El cuerpo siempre está buscando la homeostasis como lo hace un termostato. Antes de que existieran los termostatos digitales, los antiguos tenían una barra de mercurio que funcionaba de dos formas. Cuando aumentaba la temperatura, el mercurio se engrosaba y subía, desencadenando una respuesta en el mecanismo que controlaba. Cuando bajaba la temperatura, sucedía a la inversa. El cuerpo trabaja de un modo similar. Cuando te falta sueño (y, por extensión, sueños) o estímulos, tu cuerpo genera imágenes similares a los sueños y los estímulos, en un intento de recobrar el equilibrio.

Los investigadores han determinado la frecuencia de soñar entre varios grupos de edad, utilizando electrodos para monitorizar el sueño REM. Sus estudios les han revelado que los bebés son los que muestran mayor actividad cerebral, mientras que las personas mayores seniles o que padecen demencia son las que menos sueñan. Según parece, a medida que avanzamos hacia el final de nuestra vida soñamos menos; ello probablemente se deba a que nuestra actividad cerebral consciente es tan baja que ya hemos cruzado parcialmente al mundo inconsciente. Por otra parte, los bebés y los niños, que están al principio de su vida y cuyos cerebros se están empezando a desarrollar, sueñan con más frecuencia. Cuando soñamos, nuestros cuerpos sintetizan proteínas, y están formando y desarrollando células por todo el sistema nervioso y el cuerpo. Esta síntesis es una función imprescindible y profunda que tiene lugar durante el sueño, y cuando soñamos.

Es interesante que las personas que han intentado suicidarse suelan ser las que más sueñan. Es como si después de haber intentado entrar en el mundo inconsciente —el mundo de la muerte, de lo desconocido— sus sueños tuvieran más sentido, porque empiezan a confiar en que su inconsciente los ayudará a afrontar sus temores y sus sentimientos en el mundo consciente. Es como si su inconsciente les estuviera diciendo: «Tranquilo, tranquilo. No hagas esto, todo va a ir bien. Deja que te cuente algunas historias que te enseñarán algunas de las cosas a las que tienes que enfrentarte para seguir avanzando». En cierto modo es como si su alma les hablara a través de su inconsciente. Las personas que en sus vidas anteriores han intentado o conseguido quitarse la vida, inevitablemente, flirtearán con el suicidio en su vida actual. Piensan en él o creen que quieren realizarlo. Pero, si se lo piensan demasiado en serio o llegan al extremo de intentarlo, su inconsciente —su alma— les envía un mensaje de repulsa: «No lo hagas, estás acechado por innumerables sentimientos. Pero, si prestas atención, podrás sanarte». Asimismo, las personas que padecen depresión también sueñan más, quizás porque están muy desvinculadas de la vida cotidiana. No realizan suficiente trabajo consciente a lo largo del día, así que ese trabajo lo llevan a cabo durante la noche a través de su inconsciente.

Nuestros sueños conectan con el ámbito espiritual al que pertenecen las leyes de Dios. Y una de las leyes esenciales de la energía divina es la Ley del Péndulo: todas las almas buscan equilibrio. Solemos ir de un extremo a otro, como un péndulo, puesto que nuestra alma siempre intenta hallar el equilibrio en algún punto cerca del centro. Si durante el día estás deprimido —te oprime tu vida consciente y te sientes alicaído—, tu inconsciente intentará compensar ese estado cuando duermas. Para simplificar, lo que no expresas conscientemente en el mundo consciente, lo compensa tu inconsciente expresándolo en el mundo de los sueños.

Esta es la razón por la que las personas que toman antidepresivos suelen tener sueños violentos e intensos. Los antidepresivos consiguen mejorar un poco el estado de ánimo, pero es a costa de atenuar otras energías (energías como la sexualidad, la pasión, la dicha y el amor a la vida). Para las personas que están bajo los efectos de los antidepresivos la vida solo es llevadera, no inspiradora, y carece de sentimientos fuertes. Piensa en todo aquello que te despierta sentimientos intensos —personas, animales, objetos y hechos—, cualquier cosa que te provoque desde evitación hasta asombro o adoración. Ahora imagina que eres indiferente a esas emociones. Dios no nos creó a nosotros y a este extraordinario mundo para que pasáramos por la vida siendo indiferentes a todo. Cuando tu pasión, tu fervor por la vida, está apagado durante el día, es lógico que tu inconsciente fabrique sueños más intensos y vívidos para compensar la ausencia de intensidad mientras estás consciente y despierto.

Los trastornos psicológicos

Durante toda mi vida profesional he oído hablar de miles de casos de lo que yo llamo trastornos psicológicos «inexplicables». Un paciente bipolar padece un desequilibrio en su cerebro. Pero esto no es una explicación. La verdadera pregunta es: ¿por qué se ha desequilibrado? ¿Y qué me dices de enfermedades como la esclerosis múltiple y el Parkinson? Todas indican un desequilibrio cerebral. Pero, repito, ¿cuál ha sido la causa del desequilibrio? Cuando creamos desequilibrios en el cerebro —quizás por errores de juicio que hayamos cometido en la juventud, anestesiando nuestro sufrimiento psíquico, cometiendo excesos o automedicándonos con fármacos o alcohol—, este lo manifiesta. A medida que envejecemos, nuestro cuerpo empieza a manifestar esos traumas a través de distintas dolencias. Del mismo modo, cuando tu vida en estado de vigilia está mermada, tu inconsciente interviene y empieza a exagerar los sentimientos que estás reprimiendo, a fin de captar tu atención y compensar esa evitación.

Un tipo concreto de antidepresivos, los inhibidores selectivos de la serotonina (SSRI, por sus siglas en inglés), suelen provocar insomnio y sudoración. Del mismo modo que nuestro inconsciente libera las emociones reprimidas durante el día, el cuerpo que está bajo los efectos de los SSRI libera toda esa energía reprimida a través de la piel en forma de sudor, que es, simplemente, la expulsión (o «expresión») de la toxicidad. Las personas que toman este medicamento también tienen una mayor frecuencia de movimientos periódicos de las extremidades, como si el cuerpo —falto de emoción y movimiento— se viera impulsado por su inconsciente a compensar ese hecho. En realidad, suelen acabar tomando otras medicaciones para contrarrestar los efectos secundarios de la medicación antidepresiva; por ejemplo, medicación para aliviar el síndrome de las piernas inquietas. No obstante, el problema es que trata los efectos secundarios y los síntomas sin ir a la raíz del problema. Los SSRI pueden causar una reducción drástica del sueño REM y aumentar las pesadillas. Al cabo de un tiempo de tomarlos asiduamente, las personas pueden entrar en la fase del sueño REM estando despiertas, en pleno día. La parálisis del sueño es normal cuando se está soñando; sin embargo, los SSRI interfieren con este proceso y las personas que los toman, aunque se muevan y parezca que están despiertas, en realidad están en un estado de sueño profundo.

A la inversa, la gente empieza a soñar menos después de haber realizado mi terapia, porque nos concentramos en extraer información de su inconsciente y aplicarla a su vida consciente. He observado esto de primera mano y repetidas veces en el trabajo con mis pacientes. Cuando prestas mucha atención a tu vida consciente e inconsciente, tu inconsciente no necesita llamar siete veces a tu puerta para captar tu atención. El artista Salvador Dalí comentó una vez que solía soñar hasta que llegó un momento que dejó de soñar, quizás porque había compartido los mensajes de su inconsciente a través de su arte expresivo. Asimismo, cuando mis pacientes comparten sus sueños conmigo cuando realizamos nuestro trabajo y realizan los cambios apropiados en su vida consciente, su inconsciente no tiene que llamar tantas veces o hacerlo tan alto.

Hay otra forma en que los sueños nos restauran psicológicamente y nos equilibran, como lo que les sucede a algunas mujeres embarazadas; se ha observado que las que tienen más pesadillas durante su embarazo tienen menos incidencias de depresión posparto. Las madres encintas, a veces, sueñan que tienen un hijo con alguna discapacidad mental o física, o que padece alguna enfermedad terrible. Estos sueños son, simplemente, un indicativo de la existencia de esos miedos y de que hay que expresarlos y afrontarlos. Cuando nace la criatura, la madre es menos propensa a sucumbir a la depresión, porque ya ha expulsado sus temores a través del sueño.

Los sueños y la mente consciente

Es en los lóbulos frontales del cerebro —el neocórtex— donde tiene lugar el pensamiento consciente, donde tomamos decisiones de adultos. Aunque estas áreas no se acaben de desarrollar plenamente hasta que tenemos entre veintitrés y veinticinco años, empiezan a desarrollarse más plenamente a los trece: una edad en la que muchas culturas celebran la mayoría de edad. Esto es un ejemplo de cómo la espiritualidad, la intuición y la ciencia están sincronizadas y se reafirman mutuamente. Cuando sueñas, el córtex prefrontal se desconecta. Es decir, tu estado consciente, tus decisiones, tus elecciones se desconectan. Lo que se despierta durante el sueño es el mesencéfalo —el sistema límbico—, que controla las emociones y la memoria.

En el mesencéfalo experimentas la respuesta de lucha o huida, la agresividad y el deseo. Es curioso que nuestro sentido del olfato, el más antiguo en cuanto a términos evolutivos, sea el único que está conectado con el hipotálamo, el centro emocional. Esta es la razón por la que los olores son capaces de provocar recuerdos y respuestas tan potentes. Recuerda que las regiones superiores del cerebro se desconectan cuando sueñas, porque están presentes cuando tomas decisiones racionales y conscientes; es decir, decisiones y elecciones lógicas en tiempo consciente. Esto es lo que te permite entrar en el extraordinario mundo del inconsciente, un mundo donde se activan el sistema límbico y las emociones no filtradas.

Cuando sueñas se potencia el aprendizaje y la memoria. Y, por supuesto, los bebés y los niños tienen mucho que aprender: desde el lenguaje hasta su sentido de identidad. Se han realizado muchas investigaciones para determinar la mejor forma de aprender, y en estos estudios se ha confirmado el valor que tiene soñar para el proceso de aprendizaje. En algunos estudios, los sujetos aprendían trocitos de información trivial e irrelevante (números y detalles al azar, instrucciones sencillas para realizar una tarea, etc.), y luego se dormían. Cuando se despertaban, se les pedía que recordaran la información. Los que soñaban siempre recordaban la información mejor que los que no soñaban, aunque sus sueños no tuvieran ninguna relación con la información que habían aprendido.

Los sueños también tienen otros efectos interesantes en los centros del cerebro. Por ejemplo, si sueñas sobre pillajes, saqueos o algo aterrador y destructivo, tu cuerpo querrá actuar al respecto. No obstante, si lo hicieras podría ser muy peligroso. De modo que el cerebro desconecta ciertas áreas para evitar que expreses físicamente lo que estás experimentando en tu sueño. Descargar esta energía en un sueño es mucho más seguro que hacerlo cuando estás despierto.

Esto es lo que sucede en la parálisis del sueño, que se produce cuando sales de un sueño sin estar del todo despierto. Es decir, tu cerebro intenta despertarse, pero tu cuerpo todavía está obedeciendo las instrucciones que le dicen que se quede quieto para que puedas seguir soñando. Se produce una desconexión, una desarmonía, porque empiezas a ser consciente. Tu cerebro se está adentrando en las fases zeta y alfa, está pasando de un estado inconsciente a otro consciente. Quizás tu mente, tu consciencia y tu estado de percepción estén en un estado alfa, mientras que tu cuerpo todavía está bajo el efecto de tu inconsciente y es incapaz de reaccionar a los impulsos físicos. Aunque te parezca que estás paralizado, lo que en realidad te sucede es que tu mente pasa demasiado deprisa de un estado a otro y tu cuerpo es incapaz de seguir su ritmo.

La parálisis del sueño no debería ser muy frecuente; sin embargo, ciertos aspectos emocionales podrían provocarla: la sensación de estar estancado en la vida, de sentirte cohibido o cerrado. Metafóricamente, eres consciente de que estás despierto, pero estás totalmente paralizado. Así que estás consciente e inconsciente al mismo tiempo, y tu cuerpo responde a ambos estados.

El neocórtex, el lóbulo frontal, también es el centro de tu memoria episódica. Es el centro de tu vida de adulto y de estado de vigilia, donde recuerdas cosas y experimentas cognición, juicios y elecciones. Cuando sueñas dejas a un lado las elecciones conscientes, las decisiones y los juicios racionales, porque pasas al plano inconsciente, donde todo se basa en símbolos y se comunica a través de los mismos. Esto te permite viajar a la realidad de tus sueños, a la realidad inconsciente, donde todo es posible y los mensajes se pueden transmitir a través de imágenes que desafían toda lógica. Tienes la oportunidad de conocer al presidente, saltas como una gacela. Estas cosas no podrían suceder en las regiones superiores del cerebro donde piensas racionalmente, como un adulto, donde todo se basa en el sentido común y en la expresión lógica. Cuando esas áreas se cierran, el inconsciente se comunica con el lenguaje de los símbolos, donde no existe la limitación del estado de vigilia de lo que es posible o no lo es, de lo que tiene o no tiene sentido.

El mundo inconsciente, donde se generan los sueños, es un lugar en el que no existen ni el tiempo ni las limitaciones y la *lingua franca* es el lenguaje de los símbolos. En el capítulo siguiente analizaremos este profundo y rico lenguaje y aprenderemos a convertirlo en una poderosa influencia en nuestra vida cotidiana.

* * * * * * * * * * * * *

Resumiendo...

1. Las alucinaciones son expresiones del estado de soñar despierto.
2. Los sueños regulan nuestros mundos consciente e inconsciente de acuerdo con la ley del equilibrio.
3. Los trastornos mentales indican un desequilibrio en la relación entre nuestros mundos consciente e inconsciente.
4. En el mundo inconsciente no existe el tiempo ni las limitaciones, y todo es posible.

4

El lenguaje de los símbolos

Interpretar los sueños es muy simple. Solemos complicarlo más de lo que es, porque, sencillamente, no sabemos cómo descifrarlos. Cuando le comenté a un editor mi idea de escribir este libro, me dijo: «No se venderá». Fue como si me hubieran dado un bofetón en plena cara. Pero estaba dispuesta a sortear cualquier obstáculo. Lo más fácil hubiera sido ponerle un título que no tuviera nada que ver con el análisis de los sueños. La razón por la que no se vende este tipo de libros es porque no nos ayudan a entender nuestros propios sueños y, aunque lo intenten, no consiguen hacerlo de una forma fácil y directa que podamos utilizar a diario. Aunque sean interesantes, no son didácticos.

Por otra parte, quería que mi libro fuera como un taller, un manual de enseñanza que pudiera fomentar la práctica del trabajo con los sueños: que se basara en lo que tus sueños significan para ti, no en lo que otra persona o yo podamos pensar respecto a lo que un símbolo en particular significa o debería significar para ti. Incluso los libros sobre sueños que son algo prácticos describen métodos demasiado complicados. ¿Quién va a sentarse a meditar cada día durante veinte minutos y dedicar otros veinte a escribir sobre cada uno de sus sueños? Eso es pedir demasiado a la gente, y es difícil que se comprometa a hacerlo. Mi larga carrera como terapeuta me ha enseñado que, cuando complicamos demasiado los procesos, las personas se cansan o dejan de practicarlos.

En el hemisferio izquierdo 1 + 1 siempre es igual a 2, tanto si lo ves en el espacio como en un libro de matemáticas, tanto si juegas con canicas como si estás comiendo galletas. El lenguaje del inconsciente, sin embargo, determina el 95 % de nuestra conducta y está controlado por el hemisferio derecho, que no sabe lo que es la lógica. La lógica no es la dinámica principal en el lenguaje de los símbolos, de los sueños, del arte o de lo inconsciente. En el mundo de los símbolos 1 + 1, y lo que eso representa, depende enteramente del contexto, el sentimiento, el color y el entorno. Los símbolos son difíciles de entender porque no aprendemos su lenguaje. Yo he tenido suerte. A lo largo de mi vida he podido conocer muchos lenguajes distintos, así que he tenido que desarrollar mis dos hemisferios. El hebreo y el árabe se leen y se escriben de derecha a izquierda; el inglés y el castellano, de izquierda a derecha. Pero todos son comprensibles para las personas que los hablan.

Por eso las personas cuyo idioma natal es el chino o el japonés tienen ventaja sobre los occidentales en lo que a entender el lenguaje de los símbolos se refiere. Sus lenguajes utilizan caracteres e imágenes. Las imágenes acceden al hemisferio derecho, los caracteres al izquierdo. Idiomas como el chino y el japonés combinan ambos. Así que, en cierto modo, cuando no hacemos caso de nuestros sueños estamos ignorando los mensajes que proceden de Dios. No en un sentido profético, por supuesto, sino simbólico. Muchas veces oigo decir a las personas que Dios les ha hablado. Aunque estas experiencias a ellas les parezcan muy reales y las hagan sentir que están conectadas con lo Divino, en realidad es el lenguaje de los símbolos que está expresando algo que es importante para esa persona. Dios siempre se está comunicando con nosotros a través del lenguaje simbólico, como también lo hacen nuestros sueños. Comprender qué sucede en tus sueños puede ayudarte a entender este lenguaje y, de ese modo, a enriquecer tu vida en estado de vigilia.

Vamos a definir la vida como movimiento. Y, como he dicho antes, en la vida todo sucede en ondas o ciclos. La música se mide en ondas, igual que la luz, el sonido y la vibración. Cuando estás deprimido o bajo de moral, siempre puedes pensar en la analogía de la onda y recordar que pronto te volverá a subir el ánimo. Cuando entiendas el lenguaje de tu inconsciente podrás conseguir esto, tanto en tus sueños como en tu vida consciente.

Todo gira en torno a ti

El lenguaje de los símbolos es específico de la experiencia personal y del contexto histórico-cultural. Hay bastantes libros sobre sueños, por ejemplo, que tratan de la interpretación que hacen los nativos americanos. No niego que sean muy interesantes y una gran fuente de contexto histórico, pero ¿de qué me sirve a mí? Yo vivo el día de hoy, y no soy nativa americana. Entonces, ¿de qué me sirve? En algunas tribus existía la tradición de compartir los sueños cada mañana con la familia o el grupo. En estas tribus, se decía que el chamán —el que estaba más conectado con el mundo inconsciente— «descendía a los inframundos» para interpretar los sueños. En su descenso simbólico, accedía a lugares más oscuros de la percepción, que se encuentran en el inconsciente. Ahora bien, si yo perteneciera a esa tribu o viviera en una cultura nativa americana, este método de interpretación de los sueños podría aplicarlo directamente a los míos y, por consiguiente, a mi vida. Pero ni pertenezco ni vivo en esa cultura y, por lo tanto, no puedo aplicarlo.

Cuando empiezas a trabajar con tus sueños, les encuentras sentido porque haces conexiones entre tus *propios* mundos inconsciente y consciente. Imagina que tu vida consciente es el periódico de hoy, *El Soñador Diario*. Cuando empiezas a ver las conexiones, a través de la interpretación de tus sueños, le pones un título a tu sueño —un titular— y, luego, observas qué está sucediendo en ese mismo momento en tu vida que tiene relación con ese titular. Cuando hayas leído el artículo, por así decirlo, y te hayas enterado de qué va el tema, es el momento de publicarlo. ¿Qué vas a hacer con lo que has aprendido? Cuando empieces a aprender a prestar atención a los sueños y a utilizar lo que has aprendido para realizar cambios en tu estado de vigilia, tus sueños serán menos insistentes y es posible que empieces a recordar menor cantidad. Las personas que han hecho un trabajo riguroso con sus sueños suelen preocuparse cuando, de pronto, dejan de recordarlos. ¡Y esto es positivo! Significa que, al trabajar en su estado consciente, están trabajando activamente en su inconsciente.

Según una tradición —la de la cábala judía—, si quieres hacerle una pregunta a alguien que ha muerto, vas al cementerio, haces tu pregunta y, más adelante, recibes la respuesta en un sueño. Si lo pensamos un poco, esto tiene sentido, porque en el cementerio todos están muertos; ya han cruzado al reino de lo inconsciente. Para conseguir un sueño de ese lugar hay que recurrir a una energía que se ha separado de la vida consciente. El simbolismo que encierra esta tradición se basa en la diferencia entre los mundos consciente e inconsciente. Cuando estás en un cementerio, estás rodeado por lo inconsciente. Y eso ayuda a conectar con los mensajes de tu propio inconsciente.

Cuando vas a la tumba de un ser querido, conectas con esa persona. Quizás vas a ese lugar para hacer una pregunta. Quizás solo vas a presentarle tus respetos y a sentir tu duelo. Puede que llores. ¿Por qué es importante? Porque llorar es una forma de expresar tus emociones. Llorar te ayuda a liberarlas. Las emociones son una fuerza vital en sí mismas. De hecho, lo único que no tiene emoción es un cadáver. Quizás no sientas las emociones, y en ciertos momentos no seas capaz de expresarlas. Sin embargo, mientras hay vida, hay emoción. E-moción es la energía en movimiento.

Aprender el lenguaje de los sueños

El lenguaje de los sueños es el lenguaje de los símbolos, y el mundo ha de empezar a aprenderlo. Los sueños pueden ser mensajes sobre nuestra vida cotidiana, pero también advertencias o guías. La Biblia habla del faraón que soñó con siete vacas flacas que devoraban a siete vacas gordas; luego soñó que siete espigas de trigo gruesas eran engullidas por siete espigas flacas. Nadie era capaz de interpretar sus sueños hasta que mandó llamar a José, un preso injustamente encarcelado; este escuchó sus sueños y le dijo al faraón que habría siete años de bonanza, seguidos de siete años de hambruna. Esta advertencia impulsó al faraón a hacer acopio de alimentos durante los años de bonanza, para prepararse para los años de escasez. Además, este sueño de advertencia también aportó una solución al problema: las espigas gruesas siendo engullidas por las flacas. Lo único que necesitaba era alguien versado en el lenguaje de los símbolos para poder descifrarlos. Esa es la riqueza de los sueños.

¿Cómo distinguimos lo que simplemente es simbólico, una advertencia, una guía, de lo que es profético? Lo aprendemos con el tiempo, del mismo modo que aprendemos un idioma nuevo. En tu vida consciente, un idioma lo aprendes practicándolo. Al principio aprendes palabras sencillas, después pasas a otras más complicadas, luego construyes frases. Con las frases haces oraciones. Gracias a la práctica y a aplicar tus conocimientos en el mundo que te rodea, te vas familiarizando con el significado de las palabras y de las frases. Cuando empiezas a aprender el lenguaje de tu inconsciente, el lenguaje de los símbolos, sucede lo mismo.

Si nunca has trabajado con sueños, puede que todo te parezca muy extraño. No obstante, hay algunos pasos sencillos que te ayudarán a aclararte. Lo primero que has de hacer es grabar o anotar tus sueños. Acostúmbrate a grabarlos cada mañana cuando te despiertes, ya sea con una grabadora o anotándolos a mano. De hecho, deberías empezar por repetir tres veces en voz alta cuando te estás quedando dormido:

«Recordaré mis sueños bien y con claridad». Esto te ayudará a que tu inconsciente te incite a grabar tus sueños fielmente.

Cuando una amiga mía cumplió los dieciséis años y se sacó su permiso de conducir, su padre quiso que aprendiera a conducir con nieve. Un día, después de una copiosa nevada, la llevó a un aparcamiento vacío y le dijo: «Tienes que conseguir perder el control del coche, para aprender a controlarlo». Al tener que enfrentarse al aterrador sentimiento de perder el control en un entorno seguro y donde se sentía respaldada, mi amiga aprendió a responder a ese sentimiento de manera efectiva. Es una metáfora estupenda para trabajar con tus sueños. Al tener que enfrentarte a situaciones y sentimientos en tu inconsciente, donde estás a salvo de hacerte daño físicamente, aprendes a responder a tus miedos y preocupaciones con más calma y efectividad en tu vida consciente. No tengas miedo. Pierde el control en un entorno seguro y aprende a manejarlo. Luego, avanza con seguridad, porque habrás adquirido los instrumentos que podrán ayudarte a trascender tu miedo.

Es muy difícil aprender bien algo cuando estás nervioso o excitado. Cuando estás estresado, actúas según las respuestas de tu mesencéfalo: estás en estado de lucha o huida. No es el momento de aprender, sino de sobrevivir. El momento de aprender es cuando estás tranquilo y a salvo, cuando tu mente está clara y abierta. El aprendizaje se produce cuando la información llega a tu consciencia. Pero ¿cómo puedes asimilar información cuando solo estás pensando en sobrevivir o estás concentrado en huir de una situación?

Los sueños como historias

Todos nacemos con el don de contar historias; quizás sea un vestigio de un tiempo en que nos sentábamos alrededor del fuego en las cuevas y contábamos historias para compartir nuestras experiencias. El proceso de contar historias sigue siendo muy importante como medio para transmitir información. Si quieres enseñar un principio, cuenta una historia. Nuestro cerebro está condicionado por la evolución a asimilar la información de este modo. Las historias ricas en símbolos y metáforas son eficaces para llegar al inconsciente, porque, en realidad, surgen del mismo. Por eso los niños responden tan bien cuando les contamos cuentos, aunque no entiendan exactamente qué significa la historia. El cuento del *Mago de Oz* ha fascinado a los niños durante generaciones, no porque entiendan su significado simbólico profundo, sino porque lo relacionan con sus propias experiencias de la vida.

Cuando empiezas a analizar los sueños, no tienes que contar una historia bonita. La historia de tu sueño puede ser tan sencilla como: «Hay una botella en el fregadero y está llena de jabón». Lo que importa es que, cuando cuentes la historia, la información que contenga llegue hasta tu inconsciente, para que aprendas de ella.

El lenguaje de los símbolos es un puente que te ayudará a cruzar del mundo de tu vida cotidiana al mundo eterno e ilimitado de tu inconsciente, y viceversa. En la Parte II aprenderás a usar mi sencillo sistema de siete pasos para empezar a interpretar los mensajes simbólicos que te envía tu inconsciente a través de tus sueños.

* * * * * * * * * * * * * *

Resumiendo...

1. Los sueños nos hablan con el lenguaje de los símbolos.
2. El soñador siempre sueña con el soñador. Por eso, tus sueños siempre son sobre ti y sus símbolos siempre se relacionan con tus propias experiencias.
3. Cuando aprendemos el lenguaje de los símbolos, como sucede con el aprendizaje de cualquier otro idioma, hemos de practicar.
4. Los sueños son historias que nos dan información importante a través del lenguaje de los símbolos.

Parte II

Los siete pasos para recordar y analizar los sueños

5

Paso 1. Recuerda y anota tus sueños

Mi larga experiencia clínica con pacientes a los que he ayudado a interpretar sus sueños y a aprender de los mismos me ha servido para desarrollar este proceso de siete pasos, que te irá guiando a medida que empieces a recordar y explorar tu propio mundo de los sueños. El proceso es bastante sencillo, aunque es posible que necesites algo de práctica antes de que llegue a gustarte.

En primer lugar, debes fijarte una meta y concentrarte en la misma. Te recomiendo que empieces proponiéndote grabar o anotar e interpretar un sueño a la semana. Al principio, hay dos cosas que es muy importante que recuerdes:

* *No le des vueltas a la historia de tu sueño*: no juzgues lo que recuerdas del mismo. Simplemente, observa tu sueño y acepta su mensaje. Eso es lo que yo llamo «observar y aceptar la regla».
* *El soñador siempre sueña con el soñador*. A pesar de los personajes, objetos, acontecimientos o entornos que aparezcan en los sueños, estos siempre tienen que ver contigo.

Hay varios pequeños pasos que puedes dar para que el proceso de recordar y anotar te resulte más fácil. Al fin y al cabo, si vas a ceñirte al mismo, lo que necesitas es un proceso que encaje en tu vida, sin que se convierta en una carga. El primer paso es, por supuesto, tener una libreta y un bolígrafo o una grabadora de voz al lado de tu cama. No importa qué método uses; utiliza lo que a ti te resulte más cómodo.

En cuanto te despiertes —antes de levantarte para ir al lavabo— apunta la fecha en tu cuaderno o tu grabadora y anota o graba lo que recuerdes de tus sueños. Hazlo lo más rápido posible. Si lo único que recuerdas es «una mancha azul» está bien, no le des más vueltas. Escríbelo o grábalo, recuerda que esto lo has de hacer rápido. Si no recuerdas nada de nada, prueba a cerrar los ojos unos momentos, para ver si regresan algunas partes de tus sueños. Recuerda que cuando te despiertas todavía estás en la fase alfa; por consiguiente, estás más cerca de tu inconsciente y de los recuerdos de tus sueños. Cuando hayas grabado todo lo que recuerdes, no le des más vueltas a tu sueño y ponte a funcionar como de costumbre.

Ahora veamos cómo puedes empezar a recordar más de tus sueños, para que tengas algo un poco más sólido con lo que trabajar por la mañana. Para facilitar el recuerdo de tus sueños, prueba los siguientes pasos antes de dormirte, cuando estés en el extremo opuesto de la experiencia de soñar. Cuando estás echado en la cama y notas que estás a punto de quedarte dormido —no me refiero a cuando te metes en la cama, sino a cuando tu cerebro está a punto de entrar en la fase beta—, entras en lo que se llama estado hipnogógico. En este estado empiezas a notarte como mareado y que se te cierran los ojos. Entonces es el momento de repetir estas palabras en voz alta, tres veces:

Recordaré mis sueños bien y con claridad
y los anotaré en cuanto me levante.

Expresar esto en palabras es importante, porque es una manera de afirmar que no solo recordarás los sueños, sino que los anotarás.

A veces los sueños se recuerdan en el estómago (te despiertas con mariposas en el estómago sin saber por qué) o en el pecho (te despiertas con palpitaciones). Pero lo que pretendes es captar algo más que los recuerdos de tu cuerpo. Lo que quieres captar es la *trama* de tu sueño. Cuando repites esta afirmación en voz alta, vocalizando las palabras lo más clara y específicamente posible, tu cerebro se la toma en serio. Al ser literal y específico, preparas a tu cerebro para recordar.

Lo que oyes en este estado es transmitido inmediatamente a tu cerebro, es decir, es autohipnótico. Además, igual que sucede con la sugestión hipnótica, puesto que estás en un estado alfa, te será más fácil actuar en esa dirección. En el capítulo 2 vimos que, cuando empiezas a quedarte dormido y conectas con tu inconsciente, entras en la fase zeta. Luego pasas a la fase delta o sueño profundo. Después empiezas de nuevo el ciclo y vuelves al principio. Cada vez que sueñas completas un ciclo que tiene forma de onda. Repetir tus intenciones en voz alta cuando empiezas a entrar en la fase temprana de este ciclo te ayudará a llegar hasta el final. Este proceso me sirvió para progresar en muy poco tiempo, y de recordar muy pocos sueños al año pasé a recordar casi 200.

Cuando te despiertas, es importante que escribas la fecha y lo primero que te venga a la mente, por insignificante que te parezca. Si lo único que recuerdas es una silla verde, anota «una silla verde». Es esencial hacer esto cuando apenas recuerdas algo, porque te ayuda a «estrujar el cerebro», por así decirlo. Durante las primeras noches puede que cuando te despiertes recuerdes poco o nada. No obstante, si sigues practicando este proceso, los recuerdos de tus sueños empezarán a fluir con mayor facilidad. Al despertarte, el cerebro suele estar todavía en la fase alfa, lo que implica que todavía te encuentras en un estado medio hipnótico. Quizás te parezca que no recuerdas los detalles de tu sueño, pero cualquier cosa que se te ocurra mientras te encuentras en este estado está relacionada con tu experiencia nocturna y tu inconsciente, así que escríbelo.

Recuerda que, en realidad, no importa que no le encuentres sentido a un sueño simplemente porque no sea tan bello o claro como algunos de los ejemplos que cito en este libro. No lo juzgues. Obsérvalo, acéptalo y escríbelo. Observa y acepta las partes y a los jugadores; el mensaje, los personajes, los colores; los sonidos y los sentimientos. Recuerda y anota todo lo que puedas. Ten presente que lo que anotas ahora no solo te será útil inmediatamente, sino durante el transcurso de tu vida. Cuando anotas tus sueños, puedes consultar otro sueño siempre que lo necesites. De los miles de sueños que he grabado, pocos son los que recuerdo sin volver a consultar mis notas.

Aquí tienes algunas preguntas a tener en cuenta cuando anotas un sueño:

* ¿Cuáles son las particularidades del sueño? ¿Qué sucedía? ¿Dónde estabas? Si el sueño te presenta lugares y personas que no reconoces, concentrarte en los sentimientos que experimentabas al interactuar con los mismos te ayudará más adelante, cuando empieces a interpretar.

* ¿Has observado algún olor? El olor está profundamente conectado con la emoción, porque es el sentido más poderoso que está conectado directamente con el centro emocional del cerebro: el hipotálamo.

* ¿Qué emociones sentiste en tu sueño? Es importante que observes tus emociones cuando hagas tus anotaciones, porque lo que sientes durante el sueño te ayuda a descifrar el mensaje y a perfilar el significado de sus imágenes. Por ejemplo, imagina que entras en una casa vacía. ¿Estabas asustado? ¿Te sentías amenazado? ¿Entusiasmado? ¿Bienvenido? Las emociones te aportan el contexto, así que recuerda anotar cómo te sentías en tu sueño y cómo te has sentido al despertarte. Lo que sientes cuando te despiertas es otro claro indicador del contenido y el mensaje del sueño.

* ¿Había otras personas en el sueño? Si es así, ¿cuántas y quiénes eran?

* ¿Qué sucedía en el sueño cuando te despertaste?

* Si es un sueño recurrente, ¿cuándo empezó y cuánto tiempo has continuado teniéndolo?

* ¿Qué sentías durante el sueño? El sentimiento siempre aportará calidad o tono al sueño. Observa si te sentías amenazado, asustado, calmado, relajado, feliz, entusiasmado o excitado. Cualquiera que sea el primer sentimiento que experimentes cuando estás retomando la consciencia —por ejemplo, estás asustado aunque no recuerdes nada que te asustara en el sueño—, confía en ello. Confía en tu inconsciente, y luego reflexiona por qué, de toda la posible gama, experimentaste ese sentimiento.

Revisar estas preguntas más adelante y con más detalle te ayudará a entender el mensaje del sueño y te permitirá aprovechar la orientación que te ofrece. Simplemente, empiezas anotando con exactitud lo que crea tu inconsciente para llamar tu atención.

Seguir este proceso, tal como lo he descrito, puede mejorar notablemente tu recuerdo de los sueños. Muchas veces oigo que las personas comentan que han tenido sueños vívidos que recuerdan perfectamente cuando se despiertan, ya sea a medianoche o por la mañana. Sin embargo, tanto si es porque no tienen nada a mano para anotarlos como porque suponen que los recordarán y posponen hacerlo hasta la mañana, no hacen nada. Cuando se despiertan por la mañana y empiezan con sus tareas diarias, aunque de pronto recuerden que han tenido la intención de anotar el sueño, se dan cuenta de que se les ha olvidado, aunque tan solo unas horas antes les pareciera muy vívido.

Si te despiertas con el recuerdo de un sueño pero, por la razón que sea, no tienes la oportunidad de anotarlo, intenta repetirlo en voz alta. Cuéntaselo a tu pareja o, si estás solo, narra el sueño y verbalízalo. Me he dado cuenta de que el acto de hablar sobre el sueño me ayuda a retenerlo. Si lo recuerdas a medianoche, intenta —haz todo lo posible— escribir cualquier cosa que recuerdes en ese momento. La verdad es que, en cuanto llega la mañana, bajan las probabilidades de recordar los sueños que has tenido a medianoche, cuando es más probable que estés en una fase profunda del sueño que no es la REM. Despertarse de repente de un sueño profundo supone una rara oportunidad de recordar sueños de una fase del sueño en la que muy pocas veces se recuerdan.

Tener algún instrumento para grabar al lado de la cama facilita mucho el proceso. Cuando te despiertes, sea a la hora que sea, coge la grabadora, aprieta el botón y habla. Solo necesitas uno o dos minutos para grabar lo que recuerdes mientras estás acostado. Es lo mismo que si lo estuvieras anotando a mano, di la fecha y describe el sueño rápidamente. Puedes ponerle el título más tarde, o incluso al día siguiente. Cuando grabes, procura ser muy literal. Intenta no interpretar; la interpretación viene más tarde, en los pasos 6 y 7.

Cuando el sueño tiene muchos detalles, procura no obsesionarte con ellos. Fíjate en los más notables, memorables o incongruentes con el sueño. Por ejemplo, si sueñas que estás cenando con tu familia y hay un cocodrilo sentado a la mesa, probablemente sea importante citar ese detalle. En realidad, es el resumen del sueño, más que todos y cada uno de sus detalles, lo que mejor revela su significado, de ahí la importancia de ponerle un título. Al día siguiente, tranquilamente, puedes empezar a trabajar en los otros pasos del proceso. Ahora, lo único que has de hacer es sacar tu sueño de tu inconsciente. La mayoría de las personas estamos muy ocupadas, así que recuerda ser rápido y directo.

Si estás deseando empezar con el proceso de los siete pasos o te estás esforzando por recordar elementos de tus sueños, tienes la opción de utilizar algunas de las ilustraciones y los ejemplos que veremos en la Parte III, o bien confeccionar un sueño, como veremos en los capítulos 13 y 17. El lenguaje de los símbolos es útil dentro y fuera de tus sueños. Sin embargo, sea cual fuere el modo en que accedes a este lenguaje, recuerda que este te ayuda a entender mejor no solo tus sueños, sino también tu vida en la vigilia.

* * * * * * * * * * * * * * *

Resumiendo...

1. Ten una grabadora o un cuaderno de notas y un bolígrafo junto a tu cama.

2. Cuando empieces a notar que te estás quedando dormido, repite tres veces en voz alta: «Recordaré mis sueños bien y con claridad, y los anotaré en cuanto me levante».

3. Cuando te despiertes, tanto si es por la mañana como a medianoche, anota rápidamente todo lo que recuerdes de tu sueño.

4. Sé literal. Anota las primeras imágenes y sentimientos que te vengan a la mente sin juzgarlas o analizarlas. Lo primero que recuerdes, anótalo y déjalo.

6

Paso 2. Pon título a tus sueños

Poner un título a tu sueño es un paso sencillo, pero muy importante. Cuando hayas practicado un poco lo de ponerles un título —instintivamente, sin intentar encontrar un sentido o reflexionar demasiado sobre ello—, te darás cuenta de que hasta los más simples te dan una pista sobre lo que significa cada sueño y te facilitan trabajar con los mismos. Recuerda: un sueño es como el periódico de hoy. Cuando ojeas un periódico, los titulares resumen las historias que contiene. Basta con mirar la primera página para hacerte una idea de qué trata hoy. Los títulos de tus sueños actúan de un modo muy similar. Un vistazo al título te da una idea general, si bien, no los detalles o la historia completa, de las áreas de tu vida que cubre el sueño.

A menos que seas escritor o periodista, probablemente no tendrás mucha práctica en poner títulos a las cosas. Si al principio te parece un poco difícil, es muy útil echar un vistazo a los titulares de los periódicos. Cuando leas las noticias de la mañana en un diario o en Internet, pases por delante de algún quiosco de camino al trabajo u ojees las revistas en el supermercado, observa los titulares. Familiarízate con la forma que tienen otras personas de poner título a las cosas, y eso te ayudará a poner tus propios títulos. Cuando adquieras práctica, el proceso será casi instintivo para ti y, por consiguiente, más próximo a tu inconsciente. Recuerda que tienes que poner lo primero que se te pase por la cabeza.

Una vez pones un título a tu sueño, ya puedes empezar el proceso de analizarlo. La clave para analizar los sueños es simplificar, especialmente cuando estás empezando. Empieza con un simple análisis del título del sueño, indaga qué significa para ti a nivel personal y en general. Observa los títulos siguientes, que utilizo con el permiso de mis amistades y pacientes:

* Objetos perdidos
* Posesión
* El sujetador

¿Qué podían indicar estas palabras a los soñadores? ¿Qué te sugieren a ti? Estos títulos son sencillos pero sugerentes, porque fueron las primeras palabras que surgieron en la mente de los soñadores.

A veces las frases o imágenes más sencillas pueden ser las más reveladoras. No te preocupes si tu sueño te parece demasiado grande para un solo título. Algunos sueños tienen tantos detalles, abarcan tanto tiempo y extensión, que es fácil que te pierdas en un laberinto cuando intentas descifrarlo. En estos casos es útil poner un título sencillo, como los que acabamos de ver, porque te ayuda a centrarte en los temas principales. Los sueños que corresponden a los títulos mencionados varían desde los muy cortos y simples (un sueño sobre un sujetador de encaje) hasta los largos y complejos (toda una narración que incluye el alma saliendo del cuerpo). En cada caso, el título ayudó al soñador a centrarse en los detalles más importantes del sueño.

Si te cuesta encontrar un título, intenta resumir tu sueño y contarlo en voz alta, muy despacio. Por ejemplo: «Soñé con un hombre alto que subía la escalera». Deja que el título te surja espontáneamente. En este caso, cabe la posibilidad de que sea tan simple, como «Subiendo la escalera» o «El hombre alto», o tan abstracto como «Ascenso». Lo que importa es que tu título sea la primera frase o palabra que te surja de la mente. La primera impresión será la más reveladora, la más útil y, por consiguiente, la que estará más en sintonía con tu inconsciente.

Veamos los títulos que acabo de sugerir: «Subiendo la escalera», «El hombre alto» y «Ascenso». Vuelve a leerlos despacio. Cada uno hace referencia al mismo contenido; sin embargo, los tres tienen un sentimiento y un tono muy distinto. «Subiendo la escalera» se centra en el trabajo, en el esfuerzo que conlleva subir. «El hombre alto» podría representar tanto una figura de autoridad como ser un símbolo de confianza, de sentirse orgulloso. «Ascenso» se centra por completo en el acto de elevarse. Como ves, el título puede aportar pistas importantes al sentido del sueño.

Veamos este sueño de la Biblia. Jacob soñó con ángeles que subían por una escalera. En el sueño, Dios le dice a Jacob que un día lo llevaría a él y a sus descendientes de regreso a su tierra natal. Los ángeles de la escalera eran simbólicos, la escalera significaba una carretera de dos direcciones —ascender al cielo y regresar a la tierra— y los ángeles representaban la poderosa energía que emana de la fe. Aunque muchas personas no conozcan este sueño en detalle, la mayoría lo conocen por su nombre: «La escalera de Jacob». Este sencillo título nos dice mucho sobre qué es lo más importante del sueño de Jacob, y ha tenido una repercusión cultural durante milenios.

Recuerda: en vez de estrujarte el cerebro para dar con el título que tenga una lógica perfecta o englobe todos los elementos de tu sueño, invita a tu inconsciente a hacer el trabajo, poniendo siempre lo primero que te venga a la mente. Cuando hayas dado un título a tu sueño, repítelo en voz alta. Luego, por el momento, reconoce el trabajo bien hecho y olvídalo.

* * * * * * * * * * * * * *

Resumiendo...

1. Aprende a poner títulos echando un vistazo a los titulares de los periódicos y de las revistas.

2. Deja que el título sea la primera palabra o frase que te venga a la mente.

3. Si te cuesta, prueba a hacer en voz alta un resumen muy básico del contenido del sueño para que te ayude a identificar los temas principales.

4. Repite el título en voz alta y piensa qué significa la palabra o frase, o qué te sugiere a ti.

5. No pienses más en el sueño ni en su título.

7

Paso 3. Lee o repite tu sueño en voz alta y despacio

Los sueños siempre reflejan lo que en esos momentos es más importante para tu mente. Son como un periódico que te informa sobre los «temas de actualidad» en tu vida. Recuerda esto al empezar con el paso 3, que es mejor hacerlo más tarde durante el día o, mejor aún, al día siguiente. Vuelve a leer el sueño o repítelo en voz alta y muy despacio, tal como lo has grabado. Cuando hablas muy deprisa, pierdes la esencia de lo que dices. Así que, cuando cuentes tu sueño en voz alta, hazlo despacio. Esta meditación lenta suele ser extraordinariamente reveladora y puede empezar a darte pistas sobre el mensaje. Cíñete a repetir el sueño sin interpretarlo, recordando siempre que tus sueños son solo sobre ti.

¿Has soñado alguna vez sobre una situación que te asustara? Si te tomas tu tiempo para describir esa situación lenta y serenamente, quizás descubras que el mensaje que encierra es alentador, no terrorífico. Una amiga me contó que solía soñar con inundaciones y que se ahogaba. Le pedí que me repitiera su sueño lentamente. Al ir más despacio tuvo tiempo de darse cuenta de que, en el sueño, ni se ahogaba ni tenía miedo de ahogarse. Más bien intentaba salir a flote y siempre se despertaba antes de que le sucediera nada malo. Al ir más despacio y reflexionar, momento a momento, sobre lo que sucedía realmente en el sueño, pudo ver que este sueño, que al principio le parecía alarmante, en realidad le estaba asegurando que, a pesar de que no podía controlar todos los aspectos de su vida, siempre hallaba la manera de salir a flote y alejarse de la inundación, en este caso, despertándose.

Otra amiga recordó un sueño recurrente de su infancia en el que sentía que se caía al vacío. Nunca había llegado a saber cómo acababa cayendo al vacío, pero de pronto se encontraba en caída libre en el aire. En el sueño —y también cuando lo recordaba— sentía pánico. Me describía que se sentía caer todo el tiempo, como si la hubieran soltado en el cielo. Me contó que rezaba desesperadamente para despertarse antes de estrellarse contra el suelo. Recordaba que siempre se despertaba del sueño con el corazón muy acelerado y palpitaciones. Cuando le pedí que me contara el sueño más despacio, pudimos plantear algunas preguntas que nos revelaron más sobre su mensaje.

Le pregunté si en el sueño era de día o de noche, y si había alguien con ella. Recordó que se caía de día y que estaba sola. Simbólicamente, caerse suele significar que hay algo que no eres capaz de manejar o controlar, que estás fuera de control y que no puedes detener la caída sin hacerte daño, es decir, sin estrellarte contra el suelo. Esa era la esencia del sueño de mi amiga. No podía detenerse, y por ello caía constantemente. Cuando repasamos los detalles lentamente, por segunda vez, ya no tenía tanto pánico, y al final se dio cuenta de que el sueño encerraba un mensaje maravilloso, que resumimos así: te caes, rezas y nunca te estrellas contra el suelo. Lo que significa que tus oraciones hallarán respuesta. Tus oraciones te salvarán.

Esta es la belleza de los sueños; incluso en este caso, con sueños breves que tienen muy pocos detalles. Algunas personas rechazarían este sueño por considerarlo «malo» o absurdo, o ni siquiera se molestarían en trabajarlo, porque soñar que te estás cayendo es bastante frecuente. Quizás atribuyen esa sensación de caerse en un sueño a algo que han comido y que les ha sentado mal. Cuando dedicamos un tiempo a reflexionar y hablar del sueño lentamente, reconsiderando todas sus partes, no solo podemos aclarar su significado, sino que también lo hacemos de una forma muy personalizada y útil, que podremos aplicar cuando estemos despiertos.

Si optas por comentar tus sueños a otra persona o a un grupo, recuerda que has de ser tú quien complete la descripción de tus sueños, aunque los oyentes den su opinión o hagan sus aclaraciones. Imagina que, mientras mi amiga me estaba contando su sueño recurrente de caerse al vacío, yo le hubiera dicho: «Vale, tenías miedo de estrellarte contra el suelo, porque te hubieras muerto. Pero no pasa nada, porque te has despertado antes de que sucediera». Si hubiera aceptado mi análisis sin acabar de exponer los hechos del sueño, probablemente a ella no le habría parecido tan útil la guía que le aportaba el sueño.

De hecho, es muy útil repetirte los sueños a ti mismo. Con ello, reconoces que eres el soñador y, por consiguiente, cruzas el puente hacia tu propio inconsciente. Utilizas el habla, o el lenguaje, para aportar información de tu inconsciente (el sueño) a tu hemisferio izquierdo. Cuando haces esto despacio y para ti, tienes más oportunidades de ver la información simbólica subyacente a las palabras literales. «Me caía desde el cielo y rezaba para despertarme antes de estrellarme contra el suelo» se convierte en: «Cuando siento que he perdido el control, rezar o pedir ayuda me salvará». A lo mejor *yo* sé lo que significa, o tu *oyente* (pareja, amigo, hermano) sabe lo que significa, pero lo que quiero es que seas *tú* quien sepa lo que significa para ti, y que des sentido a tus palabras.

Implícate siempre en tus sueños, en lugar de dejar que sea otra persona la que te acelere el proceso o te diga lo que significan. Hace muchos años, soñé que descendía a un sótano por una escalera de caracol. Bajaba por la escalera deprisa y con agilidad, casi como si flotara. No me caía, tenía el control total. Según los métodos de interpretación tradicionales, este sueño podría significar que estaba perdiendo algo, que estaba «descendiendo» en la vida y que era un mal augurio. Yo, sin embargo, sabía que ese sueño no tenía que ver con ninguna «pérdida» en mi vida, porque me desperté del mismo emocionada, entusiasmada.

Recuerda que tu respuesta a un sueño suele ser muy reveladora para descifrar el mensaje. Así que no hice caso de la interpretación tradicional y me puse a interpretarlo por mí misma. Lo repetí en voz alta y muy despacio, a la vez que pensaba en qué otra cosa podía significar y, lo más importante, qué representaba para mí un sótano. Sí, pensé que un sótano es la parte inferior de un edificio, y también el único espacio de una casa que está dentro de la tierra, lo cual lo convierte en la parte más profunda de la misma. Este significado simbólico tenía sentido para mí, porque en el momento en que tuve ese sueño estaba cada vez más comprometida con mi trabajo personal con los sueños y con ayudar a otras personas a hacer lo mismo. Por lo tanto, me pareció evidente que el sueño me estaba confirmando que me encontraba en el camino correcto y que estaba accediendo a niveles más profundos de mi propio inconsciente. Esto ilustra por qué es mejor observar y aceptar que juzgar.

Las actividades repetitivas suelen ayudarnos a conectar con nuestro inconsciente, porque la parte consciente del cerebro se aburre con las tareas monótonas. Te cepillas los dientes de arriba abajo, friegas los platos en el mismo fregadero, vas al trabajo todos los días por el mismo camino. Un día, de pronto, parece como si se hubiera esfumado el tiempo entre el inicio y el final de la tarea, aunque has estado despierto todo el rato. Si quieres estar atento a las cosas que requieren tu concentración, como conducir, has de variar la rutina. La variación libera al cerebro consciente del aburrimiento y lo obliga a saber qué es lo que está haciendo. Cuando relatas tu sueño despacio, obligas a tu cerebro a fijarse en los detalles.

Las cosas siempre cobran sentido cuando las observas detenidamente. Cuando repites tu sueño en voz alta, lentamente —escuchando con atención y dejando que el hemisferio izquierdo asimile lo que estás diciendo—, empiezas a traducirte tus sueños *a ti mismo*. Este es un elemento clave de mi sencillo método para ayudarte a interpretar tus sueños sin la ayuda de un diccionario, un analista o un intérprete. Tus sueños cambiarán considerablemente a lo largo de tu vida, pero lo que importa es el *ahora*. Vives en el presente y has de descubrir qué es lo que te está bloqueando —verlo, evaluarlo y hacer algo— y poder seguir adelante con tu vida inmediatamente.

* * * * * * * * * * * * * * *

Resumiendo…

1. Repite o vuelve a leer tu sueño en voz alta.
2. Habla poco a poco, ten presente que el soñador siempre sueña con el soñador.
3. Verbaliza tus pensamientos y tus sentimientos, para que tu cerebro asimile totalmente la información. No dejes que otros lo hagan por ti.

8

Paso 4. Reflexiona sobre qué es lo más importante en tu vida en estos momentos

Una vez has puesto un título a tu sueño —un titular— considéralo como si fuera una historia de un periódico. Los periódicos narran historias actuales, lo que sucede cada día. Aunque también escriben editoriales. Del mismo modo, tus sueños siempre tratan de lo que es más importante en tu vida en esos momentos y te aportan comentarios sobre ello, incluidas sugerencias para seguir adelante. Si recuerdas sueños antiguos, estos tendrán relación con lo que te está sucediendo en el presente y lo que sucedía en tu vida cuando tuviste el sueño.

Si alguna vez has oído hablar a otras personas sobre sus propios sueños, puede que hayas observado que muchas veces se preguntan si eran proféticos: «Soñé que se moría mi madre. ¡Oh, Dios mío! ¡Eso debe significar que se va a morir!» Los sueños, sin embargo, no suelen predecir el futuro; más bien aclaran el presente. Por ejemplo, reciente-mente, una paciente soñó con una explosión. Se despertó aterrada y convencida de que el sueño era una señal de que habría una explosión en su casa. Cuando empezamos a trabajar en el sueño, no estaba con-vencida de que este solo fuera simbólico. Como suele pasar, ella insis-tió: «Sí, quizás haya sido simbólico, aunque parecía muy real».

Después de haberle puesto un título —enseguida le puso «Explo-sión»— y volverlo a contar —en voz alta y lentamente—, le pedí que me dijera qué era lo más importante para ella en ese momento. Me contó que en su trabajo había estado sometida a mucha presión, y que el estrés de su vida laboral también le estaba pasando factura en sus relaciones interpersonales. Había discutido con sus hermanos y con su pareja, y tenía la sensación de que nadie era consciente del grado de estrés que padecía. Cuando expresó en voz alta estos temas, se sor-prendió al darse cuenta de cuánta rabia y frustración había estado re-primiendo, tanto en su entorno laboral como en sus relaciones perso-nales. Al aclarar y reconocer lo que verdaderamente le estaba pasando en aquellos momentos, entendió que su sueño no era una premonición de una explosión real, sino una advertencia de que podría encenderse o «explotar» en su trabajo o con su familia.

Recuerda: el soñador siempre sueña con el soñador. Simplificando, el sueño de mi paciente no trataba sobre una explosión literal en su casa, sino que indicaba una explosión metafórica en su *interior*. Al fin y al cabo, en esencia, una casa es el lugar donde vivimos. Por consi-guiente, la explosión del sueño de mi paciente no indicaba una explo-sión en su casa física, sino en el espacio emocional donde residía: su trabajo, su familia, sus relaciones sexuales, su salud, su cuerpo, sus re-laciones familiares y sus vecinos. Cuando entendió esto empezó a ver las posibilidades de aprendizaje que le ofrecía su sueño. Lo veremos con más detalle en el paso 7.

En realidad, la mayoría de los sueños no son premonitorios, sino que están relacionados con lo que te está sucediendo en la vida. Los mensajes importantes suelen ser bastante breves, por muy largo que sea el sueño. De hecho, cuando empieces a entender lo que te están diciendo tus sueños es probable que estos se vuelvan más cortos, pues el inconsciente podrá comunicarse mejor. Es cierto que, en algunas ocasiones, el contenido de los sueños se acerca mucho a acontecimientos que tendrán lugar en el futuro. Por ejemplo, las personas que sueñan con un tsunami antes de que se produzca, a veces, dicen: «Sí, soñé que iba a pasar, ¡lo vi venir!» Bien, es posible. Pero antes de suponer que un sueño es profético o extraordinario, primero has de reflexionar detenidamente sobre lo que te está sucediendo en esos momentos para asegurarte de que tus sueños te guían hacia fines constructivos, en lugar de inducirte al miedo.

En este caso, un tsunami es una fuerza poderosa y repentina que arrolla a quienes encuentra a su paso. Por lo tanto, si sueñas con un tsunami, es importante que revises qué fuerzas poderosas hay en tu vida que amenazan con sobrepasarte con su oleaje emocional. Estas «fuerzas» pueden ser sentimientos, relaciones o situaciones. Recuerda que tus sueños siempre tratarán sobre lo que es más importante en tu vida, y lo que es verdaderamente más importante en tu vida suele ser lo primero que acude a tu mente. ¿Qué acontecimientos incontrolables tienen lugar en tu vida? O ¿qué temes que te suceda en la vida que podría llegar a arrasarte o a ahogarte?

Cuando ves tus sueños de esta manera, si sueñas con una catástrofe, no necesariamente te parecerán premonitorios o proféticos, sino que entenderás que son mensajes urgentes de tu inconsciente: «¡Despierta! ¡Hay algo en tu vida que amenaza con sobrepasarte!» Una vez has identificado cuáles son esas fuerzas o situaciones, puedes prepararte y hacer algo para controlarlas antes de que estas lleguen a abrumarte. Estos preparativos son mucho más útiles para ayudarte a progresar en tu vida cotidiana que los miedos a desastres inminentes y externos, sobre los cuales verdaderamente no tienes ningún control a corto plazo.

En el paso 4, basta con que tengas en cuenta los titulares de la portada. ¿Qué es lo más apremiante en tu vida en estos momentos? No importa cuál sea su magnitud. Si para ti lo más importante es que acabas de tener una fuerte discusión con tu hija o con tu pareja, entonces, probablemente, en este momento, eso sea lo más importante de tu vida. Si sueñas con armas, pregúntate si te sientes impotente ante tu propia ira. ¿Estás tan furioso que quieres arremeter contra algo? ¿Tienes miedo de usar o abusar de tu poder con tus seres queridos? Pase lo que pase en tu presente, tu vida en estado de vigilia es lo que se reflejará en tu sueño.

Si tienes problemas para encontrar ejemplos en tu propia experiencia, empieza a reflexionar sobre qué está sucediendo en tu casa, en tu trabajo o en tus relaciones. Aguza tu instinto y trabaja con lo primero que te venga a la mente. Ya has puesto un título a tu sueño y lo has repetido lentamente en voz alta. Ahora, identifica qué hay en tu mente y los símbolos de tus sueños empezarán a cobrar sentido.

* * * * * * * * * * * * * *

Resumiendo...

1. Revisa rápidamente el título o el resumen del sueño con aquello en lo que estés trabajando a nivel personal.

2. Evalúa qué es lo más importante en tu vida en estos momentos revisa tu trabajo, tu familia, tus relaciones, etc.

3. Usa tu intuición. Lo primero que se te ocurra; probablemente, sea el tema principal de tu sueño.

9

Paso 5. Describe tus sueños como si estuvieras hablando con un marciano

Nuestras pretensiones de entenderlo todo a través de la lógica, irónicamente, son una de las principales razones por las que tenemos tanta confusión y nos sentimos tan abrumados cuando intentamos comprender nuestros sueños. También es la razón por la que las personas viven con la ilusión de que es extraordinariamente difícil descubrir el sentido de su vida. Pues no lo es. El truco está en no juzgar tu vida. En este libro estás aprendiendo el lenguaje de los sueños, porque tiene muchos matices. No obstante, el valor que tiene aprender el lenguaje de tu inconsciente es que puede hacer que trasciendas la comprensión de tus sueños y te ayude a entender quién eres y quién puedes llegar a ser. ¿Por qué? Porque nuestro ser supremo y lo Divino nos hablan a través del lenguaje de los símbolos y de los sueños.

Cuando hayas anotado tu sueño, le hayas puesto un título, lo hayas repetido en voz alta y despacio y, por último, hayas reflexionado sobre qué es lo más importante en tu vida en estos momentos, podrás empezar a describir sus elementos. Hazlo como si estuvieras hablando con un marciano. Por ejemplo, has anotado el sueño siguiente: «Estaba sentado en un hermoso sillón y me sentía muy cómodo». Si le contaras esto a un marciano, lo más seguro es que no tuviera ni la menor idea de qué es un sillón. Entonces, ¿cómo describes un sillón? Piensa en su función y en lo que representa. Si le dijeras a un marciano que «te estás cayendo desde muy arriba del cielo», lo más probable es que tuvieras que explicarle que «muy arriba» significa muy peligroso, extraordinariamente aterrador, porque indica que estás lejos de la tierra. Por consiguiente, es más probable que te hagas más daño que si, por ejemplo, te cayeras del sillón.

Al principio puede parecer un poco extraño —aunque es lo que se pretende, sin embargo—, pero una imagen es peor que mil palabras. Cuando empiezas a describir lo que te parece descaradamente obvio, con toda suerte de detalles y palabras muy sencillas, comprendes con mayor claridad las intenciones de tus sueños. Cada imagen del sueño puede contener mucha información, y la mejor forma de grabar esa información en el hemisferio izquierdo es verbalizar la imagen en todas sus facetas y toda su complejidad. Como todos sabemos, la mayoría de las personas no tenemos tiempo o voluntad para sentarnos e interpretar cada imagen en mil palabras. Recuerda que uno de los principales aspectos de este proceso es completarlo con rapidez y facilidad. A pesar de lo que solemos creer, conseguir que un proceso sea rápido y sencillo es lo que lo hace verdaderamente eficaz.

Entonces, ¿cómo sabes qué detalles le has de explicar a nuestro hipotético marciano? Es algo que se enseña mejor con un ejemplo y que se aprende con la práctica. Por ejemplo, una de mis pacientes, a la que llamaremos «C», recordó un sueño recurrente de su infancia. El relato del sueño, básicamente, era que caminaba por un laberinto.

Le puso como título «El Laberinto», y cuando llegó el momento de analizarlo por partes ella y yo («DEC» a continuación) compartimos las siguientes reflexiones:

C: En el sueño estoy en casa, caminando por un laberinto. Es divertido, me siento a salvo y me lo paso bien.

DEC: Empecemos por aquí. Si yo no sé qué es un laberinto, ¿cómo lo definirías?

C: Un laberinto es una serie de pasillos o callejones sin salida. Sigues un camino que va en muchas direcciones, te mueves en zigzag. Un laberinto está cerrado, así que si te pierdes has de dar media vuelta y probar otro camino.

DEC: ¿Cómo describes la meta de andar por un laberinto a alguien que nunca ha oído hablar de laberintos?

C: La finalidad es ir por distintos caminos hasta que, por fin, encuentras el que te lleva de la *a* a la *zeta*.

Al fragmentar el sueño en sus disparatadas partes y describirlo de la forma más sencilla posible, como si se lo estuviera explicando a alguien que no tuviera ni la menor idea de lo que estaba hablando, mi paciente se dio cuenta de que el sueño ilustraba las múltiples dificultades a las que tendría que enfrentarse desde el principio hasta el final. Desde entonces hasta ahora, desde el comienzo de su vida hasta su final. Le estaba diciendo que, aunque tuviera que dar muchos rodeos y equivocarse unas cuantas veces en la vida, el tiempo que ha de pasar aquí es una aventura, y que puede probar muchas opciones.

Si sueñas que te persiguen en la oscuridad de la noche por un laberinto claustrofóbico, el significado podría ser muy distinto. En ese caso, el laberinto podría significar algo en lo que te sientes perseguido y atrapado, muy probablemente relacionado con alguna situación que te provoque ansiedad en tu estado de vigilia. Este es un ejemplo perfecto de por qué no funcionan los diccionarios de los sueños. Un laberinto artísticamente podado que exploras y disfrutas en un día hermoso y radiante, evidentemente, ¡es muy distinto a ser perseguido por un laberinto de película de terror! Tu interpretación ha de serte útil a *ti*. Tomarte tu tiempo para trabajar lo evidente es un paso importante para comprender las capas de sentido simbólico que encierra cada imagen de tus sueños.

Concéntrate en los detalles

Cuando empieces a interpretar tus sueños, quizás te des cuenta de que están cargados de detalles y te resulte difícil saber en cuál concentrarte. En primer lugar, recuerda que lo principal es hacer que sea fácil y sencillo. Cuando empiezas por describirlo todo de la manera más sencilla posible, los símbolos complejos y las imágenes empiezan a cobrar sentido y a encajar en el rompecabezas. Como suele suceder, cuanto más practicas, más fácil es. En realidad, la práctica es la clave. Cuando te hayas acostumbrado a describir las cosas de una manera tan simple que hasta un marciano pueda entenderlas, se convertirá en un hábito. Explicar imágenes a alguien que no las entiende siempre nos aporta pistas, sobre todo si la imagen o el sueño es muy complejo. Vale la pena recordar esto cuando trabajas con un sueño más largo, detallado y complejo. No es necesario que interpretes cada pequeño detalle, solo lo que más te ha llamado la atención.

No hace mucho, un amigo («E») tuvo un sueño que al principio calificó de «insignificante» y que creyó que trataba, simplemente, sobre su trabajo. En el sueño, llegaba al trabajo y encontraba el billetero del encargado en el suelo. Empezamos por ahí:

DEC: Dime, ¿qué es un capataz? Explícalo de la manera más sencilla posible, como si estuvieras hablando con un marciano.

E: Un capataz es alguien que dirige a un equipo de personas que trabajan en el tajo.

DEC: Luego, es alguien que está al mando de algo. ¿Qué es un billetero?

E: Un billetero es algo que llevas encima para guardar el dinero.

DEC: ¿Es eso lo único que llevas en el billetero? ¿Solo dinero?

E: Bueno, llevas dinero y cosas como el carné de conducir, el carné de identidad, fotos y artículos personales.

DEC: Ah, entonces este sueño no es necesariamente sobre el dinero, sino sobre un billetero, un objeto donde llevas cosas personales, como tu carné de identidad y fotos. ¿Qué es una foto?

E: Una foto es una fotografía de una persona.

DEC: ¿Y qué es una fotografía?

E: Una fotografía es un registro o una imagen de una persona.

DEC: ¿Una imagen de cualquiera?

E: Bueno, no.

DEC: Muy bien, entonces, ¿quiénes aparecen en las fotos que llevas encima?

E: Mi familia.

DEC: ¿Y qué significa la familia?

E: Mi familia son las personas que amo: mi esposa, mis hijos y mi perro.

DEC: ¿Quiénes son tu esposa, tus hijos y tu perro?

E: Son las personas y los seres más importantes para mí.

DEC: Vale. Revisemos de nuevo el sueño, ahora que ya hemos hablado y analizado la esencia y el significado de sus detalles: el capataz, el billetero, etc. Repite tu sueño.

E: Llego a mi puesto de trabajo. Encuentro un objeto que contiene la identificación, imágenes de seres queridos y dinero de alguien que está al mando.

DEC: Perfecto. Ahora piensa sobre lo que acabas de decir en relación con su pertinencia, con lo que en estos momentos te importa más en tu vida.

E: Bueno, tanto en mi casa como en el trabajo, siento como si estuviera perdiendo mucho el control y que no consigo recuperar ni un ápice para mí. Quizás tendría que encontrar la forma de ser más capataz, de estar más al mando.

DEC: Y tú has dejado caer —o perdido— la identidad del que está al mando. Si tenemos esto en cuenta, ¿cuál es el mensaje, la importancia de este sueño?

E: En realidad, creo que me está diciendo que he de recuperar mi autoridad y retomar el control. Cuando vuelva a encontrar esa autoridad y control —sobre mi identidad, mi vida y mis decisiones—, también experimentaré que se refuerza mi vida en el aspecto económico, en mis relaciones con mi familia y en mi sentido de identidad.

DEC: ¡Por supuesto! Este sueño es un mensaje de tu inconsciente, que te está diciendo que has perdido el contacto con tu faceta de tomar decisiones y que has de encontrar la manera de recuperar el control. Te está indicando que puedes conservar tu trabajo, tu economía, tus relaciones familiares; es decir, reencontrarlas y llevarlas contigo, si vuelves a tomar las riendas de tu vida y actúas con decisión.

Aunque tu sueño no te presente una versión tan clara como la que acabo de describir, contendrá mucha información que te permitirá empezar a trabajar. Si solo sueñas que estás en tu dormitorio, describe el dormitorio. Es decir, el dormitorio no es solo un lugar para dormir; es también un lugar para la privacidad, normalmente, un sitio seguro, donde se puede hacer el amor y descansar. Quizás sueñas con un sofá. ¿Cómo describirías un sofá a un marciano? Como un objeto sobre el cual te sientas a descansar. Pero otro aspecto igualmente importante del sofá es que es un lugar donde sueles sentarte con otras personas. ¿Qué me dices del cuarto de baño? Un cuarto de baño es donde te lavas y te bañas o usas el inodoro. ¿Qué es un inodoro? Un inodoro es un recipiente donde liberas y descargas el material de desecho y las toxinas de tu cuerpo. En estado de vigilia, estos materiales de desecho y toxinas son físicos. Pero, si estás analizando un sueño, lo más probable es que sean emocionales.

Profundicemos

Cuando exploras las múltiples facetas de un objeto conectas con niveles más profundos de significado. Veamos otro ejemplo. Sueñas que estás en la cocina. ¿Qué es una cocina? Una cocina es una habitación en una casa. ¿Qué haces allí? Guardas y preparas la comida, y quizás también comas en ella. Básicamente, la cocina se relaciona con la comida. ¿Y qué es la comida? La comida es algo que te nutre. Nutrientes. La comida es algo que necesitas, sin ella, te mueres. La comida es la esencia de la vida y representa alimento, no solo en el aspecto físico sino también en el emocional o el del amor.

Si sueñas que estás en una cocina y todo está muy desordenado —el cubo de la basura a rebosar, una montaña de platos sucios que llega hasta el techo— si eres una persona muy limpia y ordenada en la vida real, es posible que te resulte extraño. Sin embargo, cómo eres en la vida real no es lo que importa, sino ¿qué es lo que te está diciendo el sueño? Simplificando, existe un caos en el aspecto de tu vida que te proporciona alimento físico o emocional. Es decir, el caos puede estar relacionado directamente con el alimento (con lo que comes cuando estás despierto), pero ¿qué me dices del siguiente nivel de significado? ¿Qué hay del amor y de los cuidados? Este sueño se podría interpretar como que las situaciones en tu vida, de las cuales dependes para conseguir atención y amor, son caóticas. En otras palabras, tu vida emocional está en desorden. Recuerda que hasta los sueños sencillos ofrecen información valiosa, porque su mensaje está muy concentrado.

Veamos el símbolo de un arma. Tengo una paciente que era una buena tiradora en el ejército y se aficionó a las armas. Si ella soñara con un arma tendría mucha relevancia simbólica. Le gustan las armas, sabe manejarlas, y también tienen una relación directa con lo que ha alcanzado en su vida. En mi caso, las armas son objetos ajenos a mí, que me asustan y sobre los cuales no tengo conocimiento. Sin embargo, en lo que a los sueños respecta, la realidad objetiva de un arma no es lo importante. De lo que se trata es de la relación subjetiva entre el individuo y el objeto que aparece en sus sueños.

Si tuviera que describirle un arma a un marciano, probablemente le diría que es un instrumento para matar. Si, por otra parte, mi cliente describiera el mismo objeto, probablemente lo haría como un instrumento que requiere una destreza y que se puede usar para atacar, defenderse o, en el caso de la caza, alimentar a tu familia. Sea lo que fuere lo que representa el objeto en *tu* vida, eso es lo que representa para ti en *tu* sueño, en *tu* inconsciente. Puesto que tú eres el que entra en el inconsciente, la importancia simbólica de las imágenes que aparecen en tu sueño siempre implicarán los aspectos que para ti sean más importantes. Cuando definas los elementos de tus sueños, es esencial que escuches tu propia definición, porque la descripción de cada persona será diferente.

Símbolos comunes

Dicho esto, vale la pena observar que hay símbolos que son tan comunes y que tantas veces significan lo mismo para tantas personas que casi podemos considerarlos universales. Por ejemplo, para muchos el mar representa las emociones, su líquido salado y vital se parece al estado en el que reside el feto cuando se está desarrollando. Los seres humanos somos el 75 % agua. Por consiguiente, el agua es la esencia de la vida, su continuación y una expresión de la misma, todo ello también está relacionado con las emociones. Si sueñas que estás nadando fácilmente con olas suaves en un agua azul claro, probablemente, signifique que tu inconsciente y tus emociones son muy claros para ti. Si por el contrario, estás a merced de olas violentas de agua fría y turbia, puede ser un indicativo de que te encuentras en un estado emocional en el que no eres capaz de entender con claridad la influencia de tu inconsciente.

Otros símbolos comunes son los coches, los frenos, los monederos y los billeteros. Vamos a describírselos a nuestro marciano. ¿Qué es un coche? Es un vehículo que te lleva desde el punto A hasta el punto B. Asimismo, el cuerpo es el vehículo que lleva a tu alma desde el principio hasta el final de tu vida. ¿Qué son los frenos? Están diseñados para controlar la velocidad de un vehículo y para conseguir que se detenga. Entonces, si sueñas que estás conduciendo y que te fallan los frenos, un posible significado sería que hay algún área de tu vida donde has perdido el control, o en la que simplemente has elegido no ejercerlo. Por ejemplo, si estás luchando por corregir una mala alimentación, puede que tu sueño te esté diciendo que no estás controlando ni tu cuerpo ni tu salud.

Como hemos visto en el sueño del billetero perdido, los monederos y los billeteros —objetos en los que llevas dinero, identificación y efectos personales— están muy relacionados con la identidad, especialmente en lo que respecta a la economía, a tu sentido de identidad y a tus relaciones. ¿Y qué significa el dinero cuando aparece en un sueño? El dinero es un tipo de moneda de cambio, algo que te sirve para adquirir cosas. El conocimiento o las cualidades, igual que el dinero, también son medios para adquirir cosas, especialmente las menos tangibles. El dinero es energía, intercambio, el pago por un servicio o por algo tangible como una camisa o un coche. Facilita hacer negocios, que las personas prosperen cómodamente en el aspecto material de sus vidas; es decir, porque, como todos sabemos, no nos podemos llevar los bienes materiales a la otra vida.

Si sueñas con paisajes de temporada, reflexiona sobre tus emociones respecto a los mismos. Describe los colores y las fragancias, que siempre se corresponden con las emociones y los sentimientos. Si la tierra está rebosante y exuberante, estás soñando con el verano, la estación del crecimiento, significa que estás creciendo en tu vida. Una vegetación densa, con árboles floreciendo llenos de hojas verdes y flores, se encuentran entre las cosas naturales que te ayudan a seguir vivo. Si el paisaje todavía no está floreciendo, pero empiezan a salir brotes y a renovarse, probablemente estés soñando con la primavera, la estación de los nuevos comienzos. Si los árboles tienen hojas de varios colores brillantes y notas el aroma de la calabaza en el aire, estás soñando con el otoño, la estación de la cosecha y de la preparación. Y aunque para nosotros representa el final de año, un paisaje nevado cubierto de hielo no necesariamente significa el final de la vida o de ninguna cosa. El invierno es una estación para descansar, es el momento de estar en casa calientes y, para muchos, es el momento de celebrar varias festividades. Como ves, incluso los escenarios de tus sueños pueden revelar muchas cosas sobre los mensajes que contienen de tu inconsciente.

Otro tema común en los sueños es la madre. Independientemente de cómo sean tus relaciones con tu madre, es la persona más importante en tu vida, porque te llevó en sus entrañas durante nueve meses. En ese tiempo, todo lo que ella comía, sentía o experimentaba también lo comías, sentías o experimentabas tú. De bebés no tenemos el sentido de separación de nuestra madre, aunque se haya cortado el cordón umbilical. Durante los primeros años no tenemos un sentido de identidad individual separado de nuestra madre. Comprender el sentido de esta relación, generalmente, te ayuda a entender qué significa que aparezca la figura de la madre en un sueño. Puedes aclarar el sentido de un sueño profundizando o reflexionando sobre qué representa para ti tu madre o la maternidad en sí misma.

Asimismo, la gente suele soñar con algún ser querido que ha fallecido. Algunas personas creen o quieren creer que estos sueños son visiones o visitas de los difuntos. Sin embargo, lo que hemos de preguntarnos cuando sucede esto no es si el sueño es «real», sino lo que representa el fallecido en nuestra vida. Por ejemplo, después de que mi tía falleciera, soñé que estábamos juntas. Por mucho que me alegrara de volver a verla, reflexioné sobre lo que ella había significado para mí. Mi tía había sido una persona amable y que se preocupaba por mí, aunque también era muy pasiva. Cuando sentía emociones fuertes y necesitaba hablar de ellas, los demás solían disuadirla para que no lo hiciera, y ella lo aceptaba. Así que mi sueño con mi tía me hizo preguntarme: «¿En qué aspecto de mi vida, quizás, soy demasiado amable y me falta firmeza para cuidar de mí y expresarme a mis anchas?» Estas preguntas me ayudaron a identificar situaciones tóxicas en mi vida.

Aunque sueñes que un ser querido ha vuelto para darte consejo o advertirte de algo, ese mensaje siempre viene de ti, y es sobre ti. Es decir, en realidad el sueño no trata de tu deseo de volver a conectar con las personas que se han marchado, sino con lo que ellas representaban para ti. El sueño también está relacionado con tu historia personal en estado consciente y —tanto si es una visión como una visita, como si no— la respuesta y el resultado siguen siendo los mismos.

Muchas personas vuelan en sus sueños. Trabajemos con eso. Volar es flotar en el aire, libertad, elevarse por encima de lo cotidiano. Pero también representa algo que no es posible para los seres humanos. La gravedad nos tiene atados a la tierra. De modo que, cuando trasciendes la gravedad y flotas, trasciendes tus limitaciones como ser humano y te elevas por encima de tus propios problemas. Cuando empiezas a elevarte, es posible que tu inconsciente te diga: «¡Sí, tú puedes! Puedes hacer lo imposible, puedes elevarte por encima de todo». Por consiguiente, cuando sueñas que vuelas no solo planeas sobre el mundo cotidiano, sino que trasciendes las limitaciones.

Además, cuando te elevas por encima del mundo consciente, adquieres una perspectiva diferente del mismo: tienes una visión mucho más amplia y completa de lo que tienes debajo. La inmensa mayoría de las veces, los sueños de volar no son traumáticos sino placenteros. Una amiga que suele soñar que vuela me dijo una vez algo muy esclarecedor. En sus sueños, cuando quiere volar, respira profundo y eso le basta para elevarse por el aire. Esto es significativo, porque supone un mensaje claro del inconsciente. Cuando respiras profundo, es decir, cuando permaneces equilibrada y tranquila, puedes superar los problemas y las preocupaciones del mundo consciente. Me explicó que, cuando se enfrentaba a una amenaza o una carga en sus sueños de volar, empezaba a sentirse pesada y a descender. Cuando le sucede esto, si se relaja y respira profundo otra vez, vuelve a elevarse. Su inconsciente le está declarando que mientras permanezca tranquila y relajada podrá superar todas sus cargas.

Los símbolos negativos

La existencia de cargas o amenazas en los sueños es un símbolo importante en sí mismo, aunque no necesariamente negativo. Lo cierto es que como seres humanos siempre tendremos problemas y retos a los que enfrentarnos en nuestra vida cotidiana. En el caso de mi amiga, volar en sueños, más que advertirle de problemas, la estaba preparando para afrontar esos retos que surgen inevitablemente en la vida. Solo ha de recordar que para superarlos tiene que guardar la calma.

Otro ejemplo de un símbolo que se suele considerar negativo o que asusta, aunque no necesariamente ha de ser así, es el fuego. Los incendios pueden dar mucho miedo y ser abrumadores, por supuesto. Un incendio violento, si no se controla, tiene el potencial para acabar con todo, desde una casa hasta una ciudad o un bosque entero. Sin embargo, el fuego también es símbolo de purificación. En la purificación a través del fuego te permites ser consumido simbólicamente por algo que es sumamente abrumador, de modo que sales curado, limpio y consciente. La historia del Ave Fénix, que es consumida por las llamas para renacer de sus propias cenizas, es un precioso ejemplo de este concepto. Si sueñas con fuego, trabaja los pasos del 1 al 4 y luego empieza a describirle el fuego a un marciano. Los elementos del fuego que te parezcan más importantes serán los que te ayudarán a entender lo que indica el fuego en tu sueño.

Otros símbolos que asustan y preocupan a las personas son los animales salvajes; especialmente las serpientes. Cuando la gente sueña con serpientes, piensa que es un mal presagio. Algunos diccionarios de los sueños incluso llegan a decir que ver una serpiente en un sueño significa que alguien te envidia y te desea el mal. No obstante, ¿qué utilidad tiene vivir preguntándote quién desea herirte por rencor o envidia? De hecho, las serpientes representan algo que trasciende la envidia externa. Una serpiente es una criatura de sangre fría que no tiene miembros. Cambia la piel y a veces es venenosa, lo que significa que puede morder e inyectar una sustancia a su víctima que podría hacerle mucho daño o, incluso, matarla. El miedo a las serpientes lo vemos en muchas culturas y países. Pero ¿por qué asustan tanto las serpientes a las personas?

Las serpientes se mimetizan con el entorno, lo que implica que son capaces de pasar desapercibidas. Se arrastran, se mueven sin hacer ruido. Si descansas en una cueva, quizás no la oigas venir. Si estás en un campo o en una sabana, a lo mejor no ves que hay una serpiente enroscada entre la hierba. Si estás en un desierto o en la montaña, puede que no te des cuenta de que hay una serpiente debajo de una piedra. Si estás subido a un árbol, el cocodrilo no te alcanzará; la serpiente, sí. Probablemente, el miedo a las serpientes es tan ubicuo porque representan una amenaza silenciosa e impredecible. No importa en qué entorno te encuentres ni cuál sea tu grado de atención, la serpiente tiene poder para hacerte daño.

Otro aspecto de este animal es que tiene la capacidad de transformarse, cambiar la piel y renovarse. Por consiguiente, la serpiente también puede representar transformación. Esta es una de las razones por las que el caduceo —la vara que lleva Hermes, que en las tradiciones antiguas representa la alquimia o la transformación, y que ahora reconocemos fácilmente como símbolo de la medicina y de los médicos— contiene dos serpientes enroscadas alrededor del mismo. Algunos lo interpretan como un símbolo de la sexualidad. Para Freud, era un falo. Este es otro ejemplo de cómo nuestros símbolos se adaptan perfectamente a nosotros como individuos. Para la mayoría, las serpientes representan una amenaza oculta. Para otros, representan algo hermoso y fascinante.

Las serpientes tienen un simbolismo multidimensional y son bastante habituales en los sueños. Si solo las ves como una amenaza, es posible que no llegues a descubrir su polifacética naturaleza. Imagina que sueñas que de pronto aparece una serpiente en tu falda y que, del susto, te levantas de golpe para sacártela de encima. Si te despiertas y fomentas ese miedo suponiendo que la serpiente era un mal presagio o lo expulsas de tu mente, puede que te pierdas la información importante que contenía como símbolo del sueño. ¿Qué estás intentando evitar en tu estado de vigilia que te acecha furtivamente? ¿La sexualidad? ¿La curación o el cambio? ¿Conectar con tu inconsciente? ¿Hay algún aspecto de tu vida o de ti mismo que esté experimentando transformación, que esté deshaciéndose de lo viejo para revelar lo nuevo?

Quizás, al principio, describir tu sueño como si estuvieras hablando con un marciano te resulte raro. No obstante, con un poco de práctica este proceso se convierte en un hábito natural, en algo que se puede hacer en cualquier momento y lugar. Este diálogo imaginario puede llegar a ser una parte entretenida e imprescindible de tu proceso para dominar el lenguaje de los símbolos. Tiene la facultad de ayudarte a entender mejor los sueños, y también de hacerte progresar en tu fluidez de este lenguaje simbólico cuando tenga lugar en otras áreas de tu vida, como tu práctica espiritual o tu trabajo artístico, y en los acontecimientos que forman parte de tu mundo consciente.

✳ ✳ ✳ ✳ ✳ ✳ ✳ ✳ ✳ ✳ ✳ ✳ ✳ ✳ ✳

Resumiendo...

1. Observa qué detalles destacan en tu sueño.

2. Describe esos detalles como si estuvieras hablando con un marciano o con alguien que no tuviera ni idea del contexto del que le hablas.

3. Recalca lo obvio. Si hay algo que te parece evidente, dilo de todos modos. Explicar lo evidente en voz alta nos da pistas para descifrar el significado del sueño.

4. Piensa en qué símbolos aparecen habitualmente en tus sueños y familiarízate con su significado e intencionalidad. Esto te ayudará a interpretarlos con mayor rapidez y facilidad a medida que vas avanzando.

10

Paso 6. Resume los mensajes de tu inconsciente

En la década de 1990 tuve un sueño que se podría considerar perturbador. Soñé que había contraído el virus del ébola, que en aquellos tiempos estaba recibiendo mucha atención en los medios. El terrorífico y, con frecuencia, letal virus parecía que se había originado en África; la mayor parte de las personas que lo contraían morían en cuestión de horas. Las características básicas de la enfermedad y el ambiente en el que soñé que lo había contraído son imprescindibles para mi comprensión del sueño. Según informaban los medios, los que contraían dicha enfermedad solían morir de hemorragias masivas, sus vasos sanguíneos se deterioraban y se rompían causando grandes pérdidas de sangre. Aparentemente, ni los médicos ni los epidemiólogos entendían cómo se difundía el virus, solo sabían que lo hacía con mucha rapidez.

Al principio, este sueño puede parecer alarmante. Pero el aspecto más destacado del mismo era que lograba sobrevivir. No solo sobrevivía al virus, sino que recobraba la salud. A fin de facilitar su comprensión, lo resumo en unas pocas frases sencillas que transmitirán lo que mi inconsciente me estaba diciendo realmente. En primer lugar, pensé que el virus del ébola representaba una muerte horrible, una vulnerabilidad total y algo para lo que no había cura. Sin embargo, el sueño me demostraba que, aunque tuviera que soportar experiencias terribles, podría superarlas y curarme. El mensaje básico del sueño era este: si puedo sobrevivir a algo tan terrible como el ébola y recuperarme, puedo superar las presiones a las que estoy sometida en mi estado de vigilia y recuperarme de ellas.

Y esta es la esencia del paso 6: resume el mensaje de tu inconsciente. Es decir, ¿qué te está diciendo tu inconsciente en el sueño? Por ejemplo, si sueñas que estás viviendo en una casa muy pequeña y abarrotada, ¿qué te está diciendo tu inconsciente respecto a tu vida actual en estado de vigilia? Utiliza tu sentido común en tu visión y no le des muchas vueltas al mensaje, no dejes que se imponga tu hemisferio izquierdo. No seas demasiado literal y empieces a pensar en cuál es el tamaño real de tu casa. Recuerda: el sueño no es literal. Soñar que vives en un espacio claustrofóbico puede ser la forma que tiene el sueño de avisarte de que en tu vida te sientes hacinado, que necesitas más espacio y tiempo. En el sueño, tu casa puede representar una relación, tu vida profesional, tus ideas, tu forma de pensar u otros «espacios» en los que te sientes hacinado. Tu sueño, simplemente, eligió representar estos «espacios» de tu vida en la figura de la casa, porque, si lo contemplamos simbólicamente, una casa es donde la mayoría de las personas pasamos nuestra vida.

En resumen, un mensaje del inconsciente, al principio, puede parecer extraño, pero ten paciencia contigo mismo. Cualquier falta de claridad aparente se debe al hecho de que estos mensajes te son transmitidos en un idioma nuevo para ti: el lenguaje de los símbolos, del hemisferio derecho, es decir, del inconsciente. Cuando intentas entenderlos con el hemisferio izquierdo, sueles interpretarlos literalmente. Esta es la razón por la que es habitual que los sueños de desastres únicamente los interpretemos como advertencias de amenazas inminentes. Por desgracia, esto anula las posibilidades de introspección y orientación que nos ofrecen estos sueños. Estar tan familiarizados con las interpretaciones del hemisferio izquierdo (y nuestra tendencia a favorecerlas) puede hacer que se desvíen nuestros esfuerzos. Pretendemos utilizar métodos literales para comprender los mensajes innatamente antiliterales del inconsciente, cuando lo que deberíamos estar haciendo es aprender, practicar y dominar el lenguaje de los símbolos. Recuerda que, para el hemisferio izquierdo, 1 + 1 siempre es y será 2; para el derecho, 1 + 1 es meramente una sugerencia para millares de posibilidades.

Entender y aceptar estas posibilidades es la principal lección de la interpretación de los sueños. Tu inconsciente te habla cada noche a través de los sueños, y te ofrece consejos útiles y extraordinarios que, si logras entenderlos y ponerlos en práctica, tienen el potencial para mejorar rápidamente tu vida. No obstante, es imposible acceder a estos mensajes a través de la lógica del hemisferio izquierdo; para comprenderlos has de aprender el lenguaje simbólico del hemisferio derecho. Si cuando estás despierto no encuentras sentido a tus sueños, podrás descubrir su significado mejorando la fluidez con la que pasas del mundo consciente al inconsciente. Así es como aprendes a conectar con más eficacia con el 95 % del funcionamiento de tu cerebro, que tiene lugar en el inconsciente.

Advertencias en los sueños

Puesto que las historias son nuestras mejores maestras, voy a compartir muchos sueños —algunos míos, y otros de amigos y compañeros de profesión— para explicar mejor el paso 6. Ya hemos visto que incluso los sueños que parecen premonitorios también pueden tener relación con nuestra vida consciente. Un buen ejemplo de esto es un sueño que tuvo un médico que vivía en Israel, donde se encontraba en el desierto, vestido con uniforme de soldado y formando parte del ejército. Cuando se despertó, lo primero que supuso —correctamente, como se vio más tarde— era que el sueño había sido premonitorio y le dijo a su esposa que volvería a declararse una guerra. No obstante, lo interesante de este sueño en particular es que saber eso no lo asustó, pudo aceptarlo y prepararse correspondientemente. De modo que el sueño no solo fue útil como predicción, sino como orientación para su estado de vigilia.

Cuando este hombre tuvo ese sueño, era muy desgraciado en su vida conyugal. En el sueño vio un desierto —una tierra árida, sin la capacidad para albergar flores ni árboles— y una guerra —un símbolo de conflicto—. Por consiguiente, aunque el sueño fue premonitorio hasta cierto punto —de hecho, sí hubo guerra—, también fue una representación simbólica del conflicto que estaba viviendo en su relación principal, y era una advertencia de que esa relación no satisfacía a su alma. Aunque el estallido de la guerra corroborara su supuesto de que su sueño era un presagio, eso siempre es una especulación. Es innegable que el sueño reflejaba simbólicamente la situación actual que vivía todos los días.

Aquí tenemos otro ejemplo. No hace mucho, la hija de una amiga mía empezó a soñar recurrentemente que su pareja la engañaba. Cuando despertaba de esos sueños estaba casi paralizada, porque en el aspecto emocional no era capaz de aceptar esa posibilidad. Su pareja siempre le había sido muy fiel y era un respaldo incondicional para ella. Cuando estaba consciente, jamás dudaba de su fidelidad. Pero, en realidad, el sueño nada tenía que ver con su pareja. Más bien, el sueño reflejaba su ansiedad, donde su pareja —que representaba la figura de mayor confianza en su vida— la defraudaba, la dejaba sola y sintiéndose vulnerable. Por lo tanto, la pregunta útil es: ¿en qué aspecto de su estado consciente se sentía inestable, sola y vulnerable?

No te equivoques: este tipo de preguntas a veces son muy difíciles de contestar. Enfrentarnos a un sueño que nos asusta o nos produce malestar y, lo más importante, enfrentarnos a los aspectos que nos plantea el sueño puede ser muy amedrentador cuando estamos conscientes. Por eso es importante dejar reposar el sueño durante algún tiempo antes de empezar a interpretarlo. No intentes descifrar un sueño en cuanto te levantes; vuelve al mismo más tarde, cuando estés tranquilo. Cuando te despiertas de un sueño perturbador o terrorífico, tu sistema límbico ha estado lanzando fuegos artificiales. Estás en estado de luchar o huir, tienes el corazón acelerado, los músculos contraídos, la ansiedad y el miedo te abruman. Antes de empezar a trabajar con tu sueño y poder acceder a las regiones superiores de tu cerebro has de sosegarte. Está bien sentir miedo, pero es importante trascenderlo.

El sueño de la hija de mi amiga parece indicar que hay algo en su vida que hace que se sienta amenazada por la inestabilidad. De hecho, acababan de despedirla de su trabajo por su falta de puntualidad, a pesar de que estaba advertida. Había empezado a trabajar en otro sitio, pero el sueño se repetía, probablemente porque no había prestado atención a ninguna de las conductas que habían sido las causantes de ese reciente trauma. Esas mismas conductas, debido a su pasividad al respecto, persistían en forma de patrones cuando estaba consciente. La única forma de terminar con ellas era responsabilizándose de las mismas. Al principio, encontrar un trabajo nuevo fue un alivio, pero lo que realmente tenía que hacer era enfrentarse a aspectos internos que necesitaba cambiar, para crear resultados diferentes. Sus sueños la estaban advirtiendo de que era de suma importancia que empezara enseguida a trabajar en la prevención de los mismos. Su sueño recurrente —un mensaje repetido de su inconsciente— la estaba impulsando a que hiciera algo respecto a su conducta, para no tener que repetir experiencias estresantes y desestabilizadoras.

Las pesadillas

Las pesadillas pueden ser, en y por sí mismas, experiencias estresantes y desestabilizadoras. Esta es la razón por la que a veces, cuando nos despertamos de una pesadilla, no queremos pensar demasiado en ella. Es posible que ni siquiera queramos volver a dormirnos por temor a que se repita. Esto se debe a que no hay nada más aterrador que observarnos de cerca, y las pesadillas suelen plantearnos algún aspecto de nuestra personalidad o de nuestra vida al que no estamos dispuestos a enfrentarnos. No obstante, has de recordar que mientras no respondas a la puerta, tus sueños seguirán llamando al timbre cada vez más alto y con mayor insistencia. Si respondes, si recibes el mensaje, podrás aliviar el temor a que se repita la pesadilla.

Una amiga me contó una pesadilla recurrente de la que siempre se despertaba sudando, con palpitaciones e incluso con miedo a salir de la cama. En el sueño tenía la sensación de que abandonaba el cuerpo y volaba por encima de su casa. Durante su viaje veía sombras tenebrosas y escuchaba una risa maníaca y diabólica. Le puso de título «Brujería». Luego, hablamos con el marciano. ¿Qué es la brujería? Es una forma de controlar el entorno, el cuerpo o, a veces, a las personas. Tras hablar un poco más, mi amiga pudo captar la esencia del mensaje de su inconsciente. Tenía miedo de ser controlada por fuerzas externas —por ejemplo, una economía precaria—, aunque también reconocía que controlaba mucho a los demás. Le costó bastante reconocerlo, pero cuando lo hizo pudo dar los pasos necesarios para enfrentarse a sus miedos —declararse en bancarrota, fijarse un presupuesto más ajustado—, lo cual también la ayudó a renunciar al control excesivo que había estado intentando ejercer sobre su pareja. Evidentemente, su nivel de estrés disminuyó y dejó de tener ese sueño.

En otro ejemplo, una amiga recordó una pesadilla que tenía desde su infancia. Soñaba que estaba tumbada en la cama y que necesitaba desesperadamente ir a una salida de emergencia cercana. Sin embargo, le era imposible levantarse de la cama, por más que lo intentara. Cada vez que intentaba levantarse y dirigirse a la puerta, sentía que algo la arrastraba de nuevo a la cama. Le puso el título de «Pánico». Y resultó ser que este sencillo título, de una sola palabra, fue la clave para descifrar el mensaje.

Pánico es la experiencia de estar mortalmente aterrorizado, hasta el extremo de sentir que pierdes el control sobre tu cuerpo y tu mente. Es miedo en estado puro. Puesto que este sueño se repetía desde hacía tanto tiempo, le pedí que me contara qué le sucedía cuando empezó a tenerlo y, luego, que reflexionara sobre su estado mental actual. Al reflexionar sobre su pasado, recordó que siempre estaba asustada. Su padre bebía mucho y solía ser violento, así que siempre había conflicto en su vida. A medida que fue profundizando en los símbolos de su sueño, se dio cuenta de que la puerta representaba una vía de escape de sus temores de la infancia: una «salida de emergencia», o una vía de huida en caso de catástrofe. Para una niña vulnerable, la vía de escape más probable era la disociación o la muerte. El hecho de que fuera incapaz de llegar a la puerta era una forma simbólica que tenía su inconsciente de decirle que su alma la retenía donde estaba porque todavía no era el momento de partir.

Cuando somos muy jóvenes, normalmente, no pensamos que nuestras decisiones son fruto del libre albedrío. Creemos que el libre albedrío es un privilegio de los adultos, que pueden decidir sobre su propia vida y sus experiencias. Pero los niños también pueden elegir. Lo que les sucede es que no saben cómo expresar esa libertad. En realidad suelen expresarla en su inconsciente, en sueños vívidos. Estos sueños, que nos parecen tan aterradores, suelen transmitir mensajes importantes y reconfortantes. En el sueño que he descrito, el mensaje era el siguiente: por mucho que las vías de escape parezcan atractivas, lo que importa es sobrevivir, permanecer conectado a la vida y resistir. Por supuesto, eso no es fácil.

Los recuerdos y los temores de la infancia suelen ser tan vívidos que pueden afectarnos de adultos. Es importante que conserves el sentimiento de estar a salvo, así que, si notas que un sueño te desestabiliza o te asusta cuando lo estás tratando, haz una pausa y reflexiona sobre qué es lo que te está desencadenando y contrarréstalo con tus experiencias del presente, recordándote que ahora estás a salvo y que todo irá bien. Por ejemplo, cuando observé la ansiedad de mi amiga, le recordé y le aseguré que ahora estaba a salvo. Entonces, nuestra conversación se centró en nuestra inmensa gratitud por estar en la etapa de la vida que estábamos viviendo en esos momentos; qué maravilloso era tener cincuenta años en lugar de cinco, y sentirnos a salvo en nuestras casas, rodeadas de amor y apoyo, al mando de nuestra vida. Al expresar en voz alta los temores que aparecen en tus sueños ponerles nombre y enfrentarte a ellos, puedes evitar que regresen esos miedos —y sueños recurrentes—, porque cuando te enfrentas al miedo, el sueño ya ha cumplido su misión.

Dos de mis propios sueños recurrentes ilustran esto. El primero es un sueño sobre la pérdida de algo importante para mí: mi bolso, mi agenda; hay pequeñas variaciones, aunque la premisa es siempre la misma. Cuando me doy cuenta de que he perdido el objeto, me angustio mucho. A pesar de que parece bastante inocuo, este sueño era una pesadilla de la que me sentía aliviada al despertarme. En una de las versiones soñaba que había perdido mi agenda. En aquellos tiempos tenía mi consulta como terapeuta, y perder la agenda hubiera sido un desastre. Todo mi trabajo, mis citas y mi vida estaban en ese libro. En otra versión, perdía los archivos de mis pacientes. Estos no solo contenían información profesional o notas, sino información confidencial que mis pacientes me habían confiado. Cada situación del sueño era una versión ligeramente distinta de la misma historia, cada vez me comunicaba algo que yo todavía no había descifrado. Al final, cuando ya había empezado mi práctica del trabajo con los sueños, tuve la siguiente versión del mismo. Entraba en una tienda y dejaba el bolso sobre el mostrador para pagar con una tarjeta de crédito. Cuando volvía al coche, me daba cuenta de que no tenía mi bolso. Cuando empezaba a asustarme, me desperté.

Al día siguiente, le puse el título «Perdí mi bolso». Repetí el sueño en voz alta, lentamente y reflexionando sobre lo que estaba pasando en aquellos momentos en mi vida. Por aquel entonces, muchas compañeras de profesión empezaban a jubilarse, y yo había decidido dejar la terapia clínica a tiempo completo para hacer lecturas espirituales y trabajar con los sueños. Como es natural, esa decisión me provocaba cierta ansiedad. A continuación, al describir aspectos de mi sueño a mi amiga marciana, definí el bolso como una bolsa, donde las mujeres llevan objetos personales relacionados con el dinero y la identidad. Cuando llegué al paso 6, me di cuenta de que el sueño me estaba mostrando que en mi vida real tenía mucho miedo a perder mi identidad como terapeuta y a sufrir las consecuencias económicas. Como suele pasar, en cuanto reconocí y comprendí esos temores pude enfrentarme a ellos, aliviarlos y zanjarlos.

El otro sueño recurrente era muy agradable, y fue cambiando gradualmente con el tiempo. En las primeras versiones del sueño, miraba al suelo y me encontraba unas monedas. Cuando me agachaba a recogerlas, salían más y más monedas. Cada vez tenía que agacharme al suelo, un gesto de humildad que también significa tener que esforzarse para obtener una recompensa. El sueño me estaba afirmando lo siguiente: siempre habrá más de lo que imaginas, por mucho que te preocupe el tema del dinero. Siempre habrá suficiente, pero has de poner de tu parte y trabajar para buscar, encontrar y recoger.

Con el paso de los años, mi sueño siguió reproduciéndose y el valor de las monedas fue aumentando hasta que, al final, soñé que en vez de monedas encontraba un anillo de diamantes. Esta vez, cuando me agaché para recogerlo, en vez de más monedas me aparecieron más diamantes, rubíes y piedras preciosas. Es decir, el sueño no solo me transmitía que tendría suficiente para satisfacer mis necesidades, sino que incluso tendría abundancia. Después, este sueño no volvió a repetirse en veinte años. Cuando volvió, lo que encontré en el suelo de nuevo fue un anillo. Sin embargo, en esta versión, en cuanto recogía el anillo los diamantes empezaban a transformarse, se hacían más y más grandes, antes de convertirse en cristales blancos y rosa. Cuando los recogía, de pronto, aparecían más y más.

Entonces, por primera vez en este sueño, había cerca otras personas y yo las animaba a recoger los cristales. Y las «riquezas» se transformaron en antiguos vehículos de luz y espiritualidad que tardan cientos de miles de años en formarse —cristales— que ahora podía compartir con otras personas. Esta vez el sueño me estaba mostrando el potencial no solo de conseguir bienes materiales, sino también de progreso en mi viaje espiritual. A través de la transformación y de que yo compartiera los objetos transformados con los demás, el sueño me afirmaba que conseguiría lo que quisiera y necesitara en cuanto a conocimiento espiritual, y que habría tanto que podría compartirlo con los demás. En mi caso, lo comparto a través de mis libros.

Sueños prácticos

Los mensajes del inconsciente también pueden ser muy prácticos. Hace casi treinta años me tuve que enfrentar a tomar una decisión importante respecto a una relación que tenía con un hombre con el cual compartía muchas cosas. Los dos estábamos divorciados, teníamos un doctorado y deseábamos volver a casarnos y crear una familia. Resumiendo, parecíamos la pareja perfecta. Sin embargo, él seguía pidiéndome que nos comprometiéramos y yo siempre le daba largas, diciéndole que no estaba segura y que mejor que esperáramos y viéramos cómo iban las cosas. Me parecía extraño que, a pesar de la afinidad de nuestros «currículos», yo tuviera tantas dudas respecto a aceptar su propuesta.

Mientras me debatía con esta decisión, soñé que caminaba por una calle. A mi paso me encontraba un quiosco de periódicos donde vendían mi «autobiografía», ¡escrita por otra persona! Puesto que esta idea era ridícula —era el cocodrilo sentado a la mesa—, enseguida me di cuenta de que era un detalle importante. Era mi inconsciente, que me estaba diciendo muy claro: «Esta es tu historia, pero estás dejando que otros la escriban por ti, así que presta atención». En el sueño, compro el libro y lo leo mientras camino por la misma calle. De pronto, cierro el libro y digo en voz alta: «Esta no es mi vida. No me gusta el final». Eso fue todo, desde el inicio hasta el final. Cuando me desperté por la mañana, ya sabía exactamente qué hacer. Tenía que acabar con esa relación sentimental, que en aquellos momentos era mi mayor preocupación. Aunque mi decisión parezca exagerada, el mensaje de mi sueño era claro, definitivo y específico.

El sueño me demostraba claramente que leer mi propia historia y cerrar el libro de golpe era una forma de rechazarla. Esto, aplicado a mi vida consciente, implicaba que la situación más importante en mi vida era mi relación con este hombre y mi decisión de casarme o no con él. Además, me había estado preocupando mi inseguridad al respecto, aunque cuando me lo planteaba desde una perspectiva práctica y lógica, el matrimonio parecía una buena opción. Compartíamos el aspecto espiritual (los dos éramos judíos), el de la formación, miles de intereses y el deseo de formar una familia. Y era evidente que él estaba loco por mí. A pesar de todos los argumentos lógicos para proseguir con la relación, el mensaje del sueño era claro. Tenía que poner fin a aquello inmediatamente, porque, en caso de no ser así, no me gustaría el final de mi historia. Fue un sueño de advertencia. Y jamás he lamentado o dudado de la decisión que tomé.

Al cabo de unos meses, me enteré de que él tenía graves problemas con el alcohol. Aunque yo había ejercido de terapeuta durante años, no había reconocido los claros indicativos de alcoholismo en mi propia relación personal. Sin embargo, mi inconsciente estaba al tanto. Reconoció que él tenía problemas con la bebida y me envió un sueño para advertírmelo; si seguía por el camino en el que estaba tentada a permanecer, dejaría que circunstancias externas controlaran mi vida, lo cual terminaría haciéndome desdichada. El sueño fue inequívoco, aunque tardé algunos meses en recibir los «datos reales» que confirmaban mis dudas.

Por otra parte, si vinieras a mi consulta y me dijeras que has soñado que veías tu autobiografía, que no te gustaba el final y que por esa razón ibas a romper con tu pareja, te haría algunas preguntas. Por ejemplo, ¿existen dudas actualmente en tu relación? Si no es así, si tu relación es sana y positiva, tu versión del sueño podría significar que hay algún aspecto de tu vida, no necesariamente en tu relación sentimental, al que has de prestar mucha atención, porque tendrás que tomar una decisión. Recuerda: trabajar con los sueños puede ser «tan universal como un latido del corazón», pero también «tan individual como una huella». Tus sueños responden a los acontecimientos que tienen lugar en tu propia vida, que no serán iguales que los míos. Por lo tanto, tus sueños utilizarán símbolos que para ti tengan sentido y sean claros.

Otro sueño que tuvo consecuencias prácticas fue uno que me contó una compañera de profesión; una mujer que en esos momentos de su vida estaba considerando comprar o no comprar una casa en particular. Por una parte, estaba tentada de comprarla porque el precio era muy bueno; por otra, tenía dudas sobre el barrio y sobre si se sentiría segura en él. Tampoco estaba muy segura de la seguridad arquitectónica del inmueble. En esta estresante etapa, soñó que entraba en la casa, que estaba muy bien decorada, y descubría que una de las habitaciones del fondo tenía goteras. Llegó a la conclusión de que el sueño intentaba transmitirle que había algún problema en la casa que no se veía a simple vista. El mensaje de su inconsciente era una alerta para que estuviera atenta a sus temores en cuanto a la calidad de la casa. En vez de seguir con las dudas, decidió encargar una inspección técnica de las instalaciones de agua y de luz.

La clave de estas historias no es que los sueños sean premonitorios, sino que pueden sacar a relucir nuestra preocupación sobre decisiones importantes que hemos de tomar. Básicamente, lo que hacen es presentarnos opciones. Mi compañera decidió contratar a un inspector de viviendas para que corrigiera o confirmara sus sospechas. Tanto si había como si no había goteras en la casa, la información le ayudaría a tomar una decisión con más seguridad. En mi caso, aprendí que tenía que tener más control sobre mi vida y mis decisiones, para escribir mi propio final. Nuestros sueños no implican que tengamos que seguir sus consejos, por supuesto. Al contrario, nos presentan opciones y oportunidades para tomar decisiones cuando estamos conscientes.

Ejercer el libre albedrío es muy importante —es una de las principales leyes de Dios—, pero nuestro inconsciente nos ofrece sus apreciaciones porque cuenta con una perspectiva mucho más amplia. El inconsciente es como el periódico del día, que narra los acontecimientos actuales y te ofrece sus comentarios, ampliando la información sobre los mismos. Los editoriales recurren al pasado y describen los acontecimientos del presente haciendo referencia al mismo. Luego incluyen recomendaciones para actuar al respecto. Esto es lo que también hacen los sueños. Los sueños te advierten y te dan opciones prácticas para manejar las situaciones de tu vida. En tu mano está utilizarlas o no. Siempre se respeta tu libre albedrío. La diferencia es que, cuando eliges libremente en concordancia con tu inconsciente y como una expresión del mismo, tomas decisiones con información que te ha proporcionado el 95 % de tu consciencia.

Hace algunos años me llegó un bello ejemplo de lo que estoy diciendo en un fragmento de un sueño. En el sueño me lavaba la cabeza con champú; mi pelo era largo y negro, con algunos toques de gris. Cuando tuve ese sueño, mi pelo todavía era negro y no empezaba a aclararse. Reflexioné sobre qué significaba para mí el pelo gris. Lo primero que se me ocurrió fue «sabiduría». Si tenemos en cuenta que enjabonarse con champú el pelo significa lavarlo, y que el pelo está en la cabeza (estrechamente relacionado con los pensamientos y las ideas), llegué a la conclusión de que mi inconsciente me estaba sugiriendo que limpiara algunas de mis ideas, a algunas de las cuales quizás me había aferrado durante demasiado tiempo y ya no me eran de utilidad. Si hubiera soñado que tenía el pelo enredado y apelmazado, a lo mejor hubiera llegado a la conclusión de que me estaba intentado decir que mis ideas eran confusas, retorcidas y nudosas. Si hubiera soñado que me cepillaba el pelo y que estaba sedoso y brillante, quizás hubiera interpretado que mis ideas eran armoniosas y brillantes.

Una forma de descifrar los mensajes prácticos que recibes del inconsciente es contemplando los sueños comunes. Por ejemplo, muchas personas sueñan que regresan a la escuela, que aparecen desnudas en público o que pierden los dientes. Veamos el más común de todos: que regresas a la escuela. Supongamos que en tu sueño eres un alumno de segundo curso. En primer lugar, vamos a deconstruir eso. ¿Qué es una escuela? Una escuela es un lugar donde recibes educación y socializas. ¿Qué es segundo curso? El segundo curso hace referencia a una fase temprana de la escolarización, una etapa en la que aprendes las asignaturas básicas. Ahora, reflexiona sobre qué es lo que está sucediendo en tu vida. ¿Son complicadas tus relaciones laborales o familiares? Si es así, quizás este sueño te esté indicando que tienes que regresar a lo básico, para repetir parte del aprendizaje que hiciste muy al principio de tus experiencias de relacionarte con otras personas; por ejemplo, decir «por favor» y «gracias» para demostrar que aprecias lo que te está dando un ser querido.

¿Y qué sucede si le añades la dimensión de estar desnudo? ¿Qué es la desnudez? Estar desnudo es estar sin ropa, exponer tu cuerpo. En nuestra cultura esto podría interpretarse como un sentimiento de indefensión. En cuanto al segundo curso, se podría interpretar como que estás reaprendiendo los principios básicos, pero que en este proceso te sientes expuesto y abrumado. Es decir, si sueñas que estás en segundo curso y que estás desnudo, es posible que te sientas tan vulnerable y expuesto, debido a tus sentimientos de incompetencia, que estés negando tu necesidad de volver a aprender los principios básicos. En realidad, puede ser así de simple.

¿Y soñar que te quedas sin dientes? Aunque este sueño sea alarmante, recuerda que es simbólico. Empieza lentamente. ¿Cuál es la función de los dientes? La función más importante de los dientes es masticar la comida para garantizar nuestra supervivencia. Pero los dientes también nos ayudan a hablar, que es la razón por la que las personas sin dientes suelen tener problemas de pronunciación. Luego, los dientes nos ayudan a tragar la comida y a expulsar las palabras. Si sueñas que se te están cayendo los dientes, podría indicar que estás perdiendo la facultad de digerir algo que te está sucediendo en la vida y, también, tu capacidad para procesarlo y expresarlo.

A medida que intentas resumir los mensajes de tu inconsciente haz todo lo posible para no excluir nada, por insignificante que te parezca. Un amigo me contó recientemente un sueño que reflejaba su temor a ser juzgado injustamente por desarrollar su intuición; veremos este sueño detenidamente más adelante. Mientras me contaba el sueño, empezó a rascarse la rodilla izquierda. Yo me di cuenta de ello y le pregunté por qué lo hacía, porque el cuerpo también habla simbólicamente. Recuerda que el lado izquierdo del cuerpo está conectado con la energía femenina y la energía de todas las mujeres de tu vida. Pero tu energía femenina también es tu intuición y tu creatividad. Mi amigo, al tocarse la rodilla izquierda, estaba expresando su inquietud y su ansiedad en lo concerniente a su intuición. Prestar atención a las respuestas corporales sutiles en tu trabajo con los sueños puede revelar la intención que tiene tu inconsciente.

Responder a los mensajes de los sueños

Cuando estés trabajando para entender los mensajes de un sueño, procura no modificar su contenido a través de algo como un sueño lúcido, que es ser consciente de que estás soñando durante el sueño. Como les sucede a muchas personas, tengo una amiga, con la cual hemos estado trabajando con sus sueños, que ha empezado a darse cuenta de que es consciente de que sueña cuando sueña, y que es capaz de controlar y dar forma a ciertos aspectos de los mismos. No obstante, si cambias el contenido o la orientación del sueño antes de averiguar qué es lo que te está queriendo decir, tu inconsciente seguirá llamando a la puerta de tu consciencia con más fuerza e insistencia. Si modificas un sueño perturbador para que tenga un final feliz, puede que interfieras en el mensaje que te estaba transmitiendo y obligues a tu inconsciente a generar sueños cada vez más intensos, incluso pesadillas. Si, por el contrario, te enfrentas a la situación que te presenta el sueño y la trabajas en tu estado de vigilia, tu inconsciente responderá cambiando el sueño o interrumpiéndolo.

A continuación verás un complejo y fascinante ejemplo de cómo se puede cambiar un sueño cambiando tu vida. Una amiga tenía un sueño terrorífico recurrente desde la niñez. En el sueño regresaba a su hogar de la infancia y tenía miedo de acercarse a un siniestro lugar que había detrás de una división en la buhardilla, donde sentía una presencia siniestra. Aunque ahora ya tiene cincuenta años, nunca se ha atrevido a mirar qué es lo que hay detrás de esa separación y todavía la aterroriza pensar qué puede haber en ese espacio. Cada vez que ha tenido ese sueño, se ha despertado del mismo con una necesidad urgente de orinar. De pequeña había padecido bastantes infecciones del tracto urinario (ITU). Las investigaciones han demostrado que en el caso de los niños y las niñas existe una gran correlación entre los abusos sexuales y las ITU recurrentes, provocadas por bacterias que el cuerpo de un menor no puede combatir, lo cual genera irritación e infección. Llegamos a la conclusión de que su necesidad de orinar después de su sueño recurrente era un recuerdo vestigial de las infecciones y los abusos que había sufrido de pequeña.

La superación de estos temas conllevaba dos pasos. En primer lugar, mi amiga tuvo que identificar y entender qué era lo que lo desencadenaba; qué situaciones en su vida cotidiana consciente le hacían sentirse como solía sentirse en su infancia. Es decir, había algo como adulta que estaba reproduciendo sus sentimientos de la niñez de sentirse insegura o violada, oprimida o molestada. La intrusión en su vida resultó que no era un abuso físico, sino demandas laborales excesivas. Y su cuerpo había aprendido a responder a esa situación señalándole una necesidad inminente de orinar.

Una vez hubo identificado los desencadenantes, el segundo paso fue reprogramar su cuerpo para cambiar de respuesta. Para empezar, aplicamos sus sueños a su vida consciente y creamos un método a través del cual pudiera reeducar su cuerpo para expresar su ira o sus sentimientos de miedo oralmente, en vez de hacerlo a través del tracto urinario. Lo hizo usando un ejercicio muy sencillo. Empezó a hacer dos o tres pausas cortas a lo largo del día, durante las cuales dejaba de trabajar y se levantaba alejándose de su ordenador. A continuación, hacía una respiración profunda y pensaba: «¿Con quién estoy realmente enfadada en estos momentos? ¿Con mi marido? ¿Con mi jefe? ¿Con mi madre? ¿Con un amigo o hermano o hermana?» A veces, la respuesta era tan simple como el ruido que venía de la obra que estaban haciendo al otro lado de la calle. La clave consistía en ser consciente de cuál era el origen de su enfado y autorizarse a expresar ese sentimiento durante treinta segundos o un minuto como máximo. Luego, se iba al aseo y se lavaba las manos con agua fría; a veces, se salpicaba la cara con agua.

Para controlar su agitación, dejaba que el agua fría le diera en la cara interna de sus muñecas, por donde pasan los meridianos y hay puntos de acupuntura. Cuando el agua fría toca esos puntos calma y suaviza la agitación. Algunas personas dicen que incluso puede ayudar a superar las adicciones. Terminaba el ejercicio diciendo: «Expreso esto ahora para no tener que expresarlo durante la noche». Esto le transmitía el mensaje a su cerebro de que no iba a resistirse o a reprimir sus sentimientos. Recuerda: aquello a lo que nos resistimos, persiste. Cuando te resistes a algo creas una energía, y cualquier cosa a la que te resistas seguirá oprimiéndote. A menos que te enfrentes a ello, seguirá molestándote aunque no tenga poder alguno para hacerlo por sí solo. El poder está en tu cerebro, en tu mente.

Resumir el mensaje de tu inconsciente te ayuda a identificar el problema y empezar a hallar una solución. Esto normalmente conlleva cambiar un concepto que ya no te sirve. Si tienes una forma de pensar disfuncional, reconócelo y respira profundo para transformar tus hormonas del estrés en hormonas relajantes. Afronta lo que sea que te preocupe y prométete revisarlo más adelante. Cumple la promesa.

Esta técnica actúa bajo unos principios parecidos a los de la mayoría de las artes marciales: te enseñan a arraigarte, a serenarte dondequiera que estés y a que esperes la oportunidad para utilizar la energía del ataque de tu oponente contra él. Espera siempre a que este se acerque, y no actúes nunca a distancia. De este modo podrás agarrarle, jalarlo y proyectarlo por los aires. Si estás demasiado lejos de tu oponente como para agarrarlo, pierdes el equilibrio. Si esperas mucho para defenderte, puede que tu oponente se acerque demasiado y no tengas suficiente energía o fuerza para contrarrestar el ataque. No obstante, cuando esperas hasta que tu adversario esté lo bastante cerca, puedes desequilibrarlo y tirarlo al suelo.

Este mismo principio es aplicable a los pensamientos disfuncionales. No puedes enfrentarte a un tema problemático manteniéndote a distancia. Has de reconocerlo y esperar a encontrarte en mejor posición para afrontarlo. Cuando haces eso, el mensaje que envías a tu cerebro es que te estás empoderando y que estás tomando el mando, en lugar de entregar la energía de tu pensamiento a resistirte a ello desde una postura de inestabilidad.

Al final, mi amiga de la pesadilla recurrente de la buhardilla consideró que ya había tenido suficiente y cambió su forma de afrontar sus sentimientos de ira y de sentirse violentada. Abrió la puerta de la buhardilla y entró en ese espacio oculto que tanto la aterraba desde su infancia. En cuanto apartó la división, encontró un estúpido hombrecito de paja; básicamente, era un fardo de paja con brazos y piernas. En lugar de tener miedo, se rio porque la figura era absurda. Más adelante me dijo que el «monstruo» le recordaba al hombre de paja del *Mago de Oz*, un personaje que lloraba porque no tenía cerebro y se sentía vulnerable e indefenso. Al despertar de esta iteración del sueño se encontraba mucho mejor. En realidad, aunque la magnitud de su crisis aumentó en los días siguientes, se sentía fortalecida y reforzada por el cambio que se había producido en su sueño. Al cambiar su sueño cambió ella y, por extensión, también su vida.

Personajes y entornos de los sueños

Cuando revisas sueños que implican explícitamente interacciones con otras personas has de recordar que *el soñador siempre sueña con el soñador*. Las personas que aparecen en tus sueños siempre representan diferentes aspectos de ti mismo, o bien las formas en que crees que los demás te perciben a ti. Una amiga mía soñó que estaba desnuda y que estaba siendo insultada y humillada por un grupo de estudiantes universitarios. El sueño, que incluía una audiencia, representaba el sentimiento de estar indefensa ante los demás. Por consiguiente, cuando estaba consciente, mi amiga probablemente se sentía cohibida y avergonzada respecto a algo y no confiaba en su comunidad o entorno para que la apoyara. Los estudiantes podían significar aspectos de sí misma —de su propia vergüenza, por ejemplo— o, simplemente, figuras que reflejaban su experiencia en el mundo consciente. Sin embargo, el sueño no era sobre los estudiantes que se burlaban de ella, sino sobre mi amiga y sus sentimientos.

Cuando aparecen otros personajes en tus sueños, estos representan lo que está sucediendo en tu vida: ayuda, irritabilidad, afecto, ira. Otra amiga soñó recientemente con su expareja. De hecho, no estaba soñando con él, sino con lo que este había representado en su vida. Cuando le pregunté qué simbolizaba su expareja para ella, me respondió: «Autoridad, una autoridad admirable, es decir, digno de confianza, responsable, y también un apoyo». Más adelante, sin embargo, sintió que su expareja no era digna de confianza y que era injusta, lo que despertó en ella sentimientos de traición, y en última instancia, fue lo que la llevó a tomar la decisión de dejarlo. Para resumir el mensaje de su inconsciente, su expareja, que para ella representaba una autoridad amada y que la respaldaba, pasó a ser una persona que la había traicionado y que ya no era digna de su confianza, hasta el extremo de decidir poner fin a su relación como única solución.

Ahora, cinco años después, si mi amiga tiene alguna experiencia estresante con su madre o su jefe actual —o con cualquier figura de autoridad en su vida, que también la hubiera decepcionado—, sueña con su antiguo novio. El mensaje del sueño no es sobre su expareja específicamente, sino sobre lo que esa persona significaba para ella y cómo le había afectado su conducta en el pasado. Es decir, el sueño le está diciendo que la experiencia que está teniendo en el presente se parece a la que tuvo en el pasado con su expareja. Asimismo, cuando sueño que he vuelto a la universidad y que todavía he de terminar mi tesis, una etapa traumática en mi vida, eso enseguida me pone sobre aviso de que hay alguna situación en mi mundo consciente en la que me siento tratada injustamente.

Esta multidimensionalidad es una de las grandes bellezas del inconsciente. Puede aportarnos distintos niveles de simbolismo a través de un solo objeto o hecho. Con su propio estilo de conservación de la energía, utiliza algunas imágenes, fotos e historias para transmitir los mensajes con eficiencia. Cuando examinas el contenido de estos mensajes entiendes que los sueños no son sobre una persona, un momento o un lugar, sino sobre una variedad de temas que te están afectando en tu vida consciente en estos momentos. Cada uno de los personajes, entornos u objetos del sueño son un resumen de un tema más complejo en sí mismo. Con frecuencia, estos temas o personajes se irán repitiendo según tu apego hacia los mismos. Con el tiempo irás entendiendo tu propio diccionario de símbolos y podrás relacionarlo con tu vida inmediatamente, sin tener que pasar por todo un proceso de deconstrucción.

A una clienta que estaba buscando editor para su primer libro, su agente la abandonó de un modo inesperado y desagradable. Esa noche su antiguo novio se le apareció en un sueño inclinándose sobre ella para besarla. Ella le giraba la cara y él acababa besando el lado derecho de su cuello. Como había trabajado con sus sueños bastante a fondo, al despertarse enseguida se dio cuenta de que este personaje en concreto simbolizaba el amor de su vida, que había perdido. En un sentido más general, él representaba la pérdida. El beso indicaba la conexión o, en este caso, la reconexión. El hecho de que ella girara la cara demostraba que no estaba segura de querer aceptar esa reconexión. Además, entendía que el lado derecho del cuerpo representa el hemisferio izquierdo, la energía masculina, su aspecto activo, orientado hacia una meta y asertivo. Como su agente la había dejado, se sentía consternada y descorazonada. La respuesta a esa situación llegó en forma de un sueño que contenía una representación personalizada de la pérdida para demostrarle que tenía la oportunidad de reconectar con lo que había perdido, aunque no estuviera segura de si debía proseguir con ello. En resumen, el mensaje del inconsciente era que podía seguir manteniendo su objetivo y siendo asertiva, y volver a conectar con las oportunidades perdidas, para poder identificar otras nuevas.

Los bebés y los niños suelen aparecer en los sueños. Comprender por qué sucede y cuál es su posible significado puede ayudarte a empezar a traducir tus sueños por tu cuenta. Por ejemplo, imagina que sueñas que estás caminando por la acera con un niño de tres años. Lo llevas de la mano, pero de pronto se suelta y empieza a correr por la calzada, donde es atropellado por un camión. Te despiertas aterrado y temblando. ¿Qué te está intentando decir tu inconsciente?

Cuando en tus sueños aparece un niño o una niña, revisa qué es lo que estaba pasando en tu vida cuando tenías la edad de ese menor, en este caso, cuando tenías tres años. Si no recuerdas mucho de esa etapa de tu vida, no le des más vueltas. Solo piensa en cuál podía haber sido tu situación a esa edad. ¿Eras el hijo o la hija mayor que a esa edad tuvo que afrontar la llegada de un hermano o la hermana? ¿Eras un hermano o las hermana menor que tuvo que soportar el desprecio de sus hermanos o las hermanas? ¿Perdiste a alguien a esa edad, a una mascota o a un miembro de tu familia? Reflexiona brevemente sobre qué representa para ti esa edad o esa etapa de tu vida, aunque no seas consciente de ello en tu estado de vigilia. Otra opción, si tienes hijos, es pensar en qué era lo más importante en tu vida cuando tus hijos o hijas tenían esa edad. Si tu hija mayor tuvo una grave enfermedad cuando tenía esos años, probablemente relaciones un niño o niña de esa edad con sentimientos de mucha ansiedad y de instinto de protección.

Si no consigues relacionar ninguna emoción o experiencia en particular tuya o de tus hijos a esa edad, otra opción es contemplar el sueño desde una perspectiva más amplia. Parece bastante evidente que este sueño, en general, también representa que actuar de manera reactiva e infantil puede suponer un gran riesgo. Los adultos son proactivos; los niños, reactivos. Los adultos toman decisiones y hacen planes, y son conscientes de las consecuencias de sus acciones. Un adulto, por ejemplo, se dará cuenta de que comer siempre bocadillos de queso lo llevará a sentirse hinchado y a aumentar de peso. Por consiguiente, dicho adulto puede decidir hacer un cambio, responsabilizarse y dejar de comer esos bocadillos. La reacción infantil sería pensar: «Me siento mal; aun así quiero comerme ese bocadillo y no me importan las consecuencias. Ya me sentiré mal más adelante, probablemente porque ya no pueda comer queso o porque tenga una úlcera».

Los niños es normal que eviten las responsabilidades y que no piensen en las consecuencias. En este sueño, el niño, simplemente, reacciona: «No quiero estar bajo el control de un adulto, no quiero que me lleve de la mano», y por lo tanto se pone en una situación peligrosa. El precio de su libertad, sin tener en cuenta la sabiduría de la mano adulta (la mente adulta, tu ser supremo), es que se pone delante de un camión. El mensaje de tu inconsciente es que quizás te estás exponiendo a un peligro (físico o emocional) viviendo de manera reactiva, en vez de proactiva.

Este sencillo sueño muestra que, incluso en un sueño donde aparece un niño, este sigue siendo sobre ti. Se está dirigiendo a tu niño o niña interior. Y, como todos los sueños, también es multidimensional. No es necesario que tengas hijos para deducir ese significado. Al fin y al cabo, que un niño sea arrollado por un camión es un hecho aterrador para cualquiera. Basta con que sigas los pasos, interpretes los símbolos y sigas avanzando.

Los sueños y la curación

Estoy convencida de que la mayoría de los trastornos y los desequilibrios que padecemos en nuestra vida se deben a temas que no hemos resuelto, como traumas emocionales, un exceso de estímulos o a la falta de atención y cuidados adecuados en el hogar. Nuestros sueños intentan demostrarnos que hemos de revisar esos traumas —todas nuestras heridas— porque esa es nuestra verdad. No quiero decir que seamos la suma de nuestras heridas. Más bien somos la suma de todo lo que hemos superado. Cuando somos capaces de afrontar con sinceridad nuestras heridas, podemos encontrar la forma de curarlas y de reforzarlas. Esto supone hacer cambios en nuestra vida de adultos que, en última instancia, nos permitirán amarnos y apreciarnos a nosotros mismos y a los demás.

Por supuesto, cuando afrontamos nuestras propias heridas también hemos de afrontar las formas en que nosotros hemos herido a los demás. El sentimiento de culpa existe desde los albores de la humanidad, pero, al igual que el miedo o las heridas, la culpa es contraproducente para el crecimiento. Se ha de reconocer, afrontar y dejar atrás. Regodearnos en el sentimiento de culpa no nos refuerza moral o espiritualmente, sino que nos ancla en la postura de la víctima. Tanto si somos conscientes de ello como si no, elegimos nuestro tipo de vida y camino basándonos en lo que más necesitamos aprender, y tanto la mente inconsciente como la consciente son expresiones del viaje de nuestra alma. Repetimos las historias de nuestra vida, no porque seamos tontos, sino porque estamos intentando curarnos de los traumas de nuestro pasado. Esta es la razón por la que probablemente has repetido patrones en tus relaciones, tanto en el trabajo como en el aspecto sentimental o social. Experimentas estos patrones porque cada repetición te ofrece una nueva oportunidad para cambiar tu conducta y afrontar las situaciones de otro modo. Una vez cambias tus patrones deconstructivos, sigues avanzando hacia tu curación y tu aprendizaje: avanzar, no completar, porque, mientras sigas vivo, seguirás evolucionando.

No obstante, nos ponemos muchas barreras para distraernos y evitar enfrentarnos a nuestras verdades más cruciales. Una de las formas más habituales de hacerlo es reduciendo nuestros temores y nuestras heridas comparándolas con lo que han experimentado otras personas. Comparar tu historia con la de otras personas no te ayuda a ser objetivo, solo a evadirte de tu propia verdad. Compararte con los demás impide que seas sincero y honesto contigo mismo, y eso es un requisito indispensable para curarte. Simplificando cuando intentas encubrir tu propia historia, te robas a ti mismo tu verdad en el presente.

Una amiga mía que está luchando por su autoestima afirma despectivamente que su infancia «no fue tan mala, relativamente hablando», solo porque no sufrió abusos sexuales ni le pegaron; ella considera que es realista, pero lo que en realidad le pasa es que está evitando enfrentarse a la verdad. Cuando me dijo esto, la invité a que se autorizara a reconocer sus heridas en el gran esquema universal, por pequeñas que creyera que fueran. Cuando se volvió más comunicativa, admitió que nunca había aprendido a cuidar de sí misma emocionalmente porque sentía que no era especial para su madre. Esto fue una auténtica revelación para ella. Como ves, gracias al mero hecho de dejar de huir de su historia personal pudo identificar el origen de sus problemas actuales y reflexionar sobre nuevas formas de trascenderlas. Si te comportas como si tu historia no existiera, estás reprimiendo tu pasado; reconocerlo es el primer paso para cambiar tu presente, tu vida actual en estado de vigilia.

Cuando trabajes el paso 6, recuerda que el inconsciente eres tú, hablándote a ti mismo. No es otra persona o intermediario que te está dirigiendo. Más bien, es tu ser supremo, el aspecto divino que hay en ti, que está aclarando partes de tu vida que eran más bien turbias. Una vez has definido e identificado un mensaje de un sueño y cómo se relaciona con tu vida consciente, tienes la posibilidad de adaptar tus actitudes o conductas para sentirte mejor. A medida que vayas descubriendo los significados que se ocultan tras los símbolos de tus sueños irás viendo, cada vez más rápido, las correlaciones con tu vida consciente.

* * * * * * * * * * * * * * *

Resumiendo...

1. Reflexiona sobre el trabajo que has hecho en los pasos del 1 al 5.
2. Intenta resumir el contenido de tus sueños en uno o dos mensajes claros.
3. Recuerda que el mensaje no es literal, sino simbólico.
4. Procura que tu interpretación sea simple, que esté basada en el sentido común y que se relacione con tu presente, con tu vida consciente.
5. Respeta tu trabajo. Aunque al principio te parezca difícil, el paso 6 te prepara para entender los consejos que te aportan tus sueños.

11

Paso 7. Aprovecha los consejos de tus sueños en tu vida consciente

Los sueños, al igual que los periódicos, tratan de lo que está pasando en el presente, nos ofrecen sus comentarios y consejos. La decisión de seguir sus consejos es cosa tuya. Como ya te he explicado, somos libres para elegir. Pero cuando elegimos libremente, basándonos en la información que tenemos de nuestra mente consciente e inconsciente, elegimos mejor y con más seguridad.

Como sucede con cualquier otra cosa, descifrar lo que te está aconsejando que hagas tu sueño se vuelve más fácil con la práctica y la repetición. Con la práctica descubrirás que empiezas a entender la información que te transmiten tus sueños y a hacer cambios positivos en tu vida, con mayor rapidez y eficacia, basándote en la misma. A continuación verás ejemplos de los tipos de consejos que pueden aportar los sueños, y lo que sucede cuando sigues su ejemplo.

Las historias de los sueños

Los mensajes del inconsciente se transmiten a través de historias: como una obra de teatro. Por ejemplo, en una etapa en la que había hecho grandes cambios en mi vida, empecé a soñar que salía a la calle a correr. Aunque nunca he hecho ejercicio regularmente, mi inconsciente me decía, literalmente, que tenía que moverme. En mi estado de vigilia, me sentía atrapada por algunos patrones nocivos de mi estilo de vida y por la resistencia que oponía mi cuerpo a hacer ejercicio. Sin embargo, en el sueño podía correr sin problemas. Resumiendo, el sueño me estaba indicando que podía correr, y me aconsejaba que empezara a hacerlo.

Así que decidí seguir el consejo. Empecé a correr. En los meses posteriores fui haciendo más ejercicio y llegué a correr 1,6 km cómodamente, pero corriendo a intervalos cortos. Al final, aprendí una nueva forma de respirar mientras corría que me permitió correr los 1,6 km seguidos. Fue como una epifanía. Al poco tiempo, podía correr seguido distancias mucho más largas y con mucha más comodidad que lo había hecho las primeras veces que salí a correr. Esto no solo me devolvió la confianza en mi cuerpo, sino que me afirmó que, pasito a pasito y con perseverancia, podía crear habilidades que jamás hubiera imaginado que llegaría a realizar. Cuando prestamos atención a nuestros sueños y modificamos nuestra conducta cuando estamos conscientes, en lugar de ignorarlos o cambiarlos, no solo conseguimos poner fin a los sueños que nos estresan, sino que mejoramos nuestra salud y ganamos confianza.

Por ejemplo, veamos el consejo que recientemente le transmitió un sueño a un querido amigo mío que tenía cáncer. Estaba frustrado por la falta de progresos en su tratamiento y por la toxicidad y los efectos secundarios que le ocasionaba el mismo. Hacía unos meses había soñado que su médico le aconsejaba que probara un nuevo y prometedor tratamiento que tenía menos efectos secundarios y que era más eficaz para su programa actual. En el sueño, el médico le proporcionaba el largo nombre científico del tratamiento. Cuando él le dijo que no sería capaz de recordar esas palabras, este le respondió que bastaba con que recordara tres letras. Al despertarse a la mañana siguiente, buscó las siglas y pudo comprobar que el tratamiento era real. Sin embargo, por raro que parezca, ni él ni su médico habían oído hablar del mismo.

Aunque al principio no lo parezca, este es un ejemplo clarísimo de que los sueños siempre son sobre ti. No fue el médico de mi amigo quien le reveló el nombre del tratamiento, sino su inconsciente el que se lo comunicó a través del personaje de un médico que lo animaba a probar un nuevo tratamiento que le iría mejor a su cuerpo y que mejoraría su prognosis y su vida en general. Aunque su mente consciente no conocía el tratamiento, su inconsciente no solo le aconsejó que no aceptara la ineficacia de sus terapias actuales, que tanto daño le hacían, sino que buscara alternativas mejores.

Los sueños sexuales suelen ofrecer consejos muy claros y fáciles de interpretar. Estos sueños son muy comunes; por lo tanto, es importante que tengamos en cuenta los consejos que pueden aportarnos en nuestra vida. Un sueño muy común es estar haciendo el amor con un antiguo o una antigua amante. Imagina que haces el amor con una expareja a la que no has visto en veinte años. Tal vez te despiertes preguntándote por qué has soñado que hacías el amor con alguien de tu pasado en quien no habías vuelto a pensar. Pero lo más probable es que el sueño nada tenga que ver con el sexo literalmente; el sexo es puramente la trama, la historia del sueño.

Para aplicar este sueño en tu vida, empieza por el principio. ¿Qué es practicar sexo? ¿Qué significa? El sexo implica literalmente que un cuerpo se introduce dentro de otro; esto es una expresión simbólica del más alto grado de intimidad o de proximidad que podemos tener entre las personas. En cuanto al inconsciente, el sexo no suele estar relacionado con el acto físico, sino que más bien representa el hecho de que una persona intime con otra.

En los sueños puedes experimentar la intimidad con un hombre, con una mujer o con amigos, porque lo más probable es que el sexo nada tenga que ver ni con tu orientación ni con tu deseo sexual. Más bien tiene relación con la proximidad emocional en algún aspecto de tu vida. Si sueñas con un antiguo amante, piensa qué cualidades representa esa persona para ti, o qué representa ella en tu vida. Por ejemplo, una amiga me contó un sueño en el que tenía relaciones sexuales con su primer novio, el de su adolescencia. Cuando le pedí que me dijera la primera palabra que se le ocurriera respecto a qué representaba él para ella en esos momentos, inmediatamente me dijo: «Alegría».

Para analizar el sueño, primero tuvimos que identificar qué era lo que más la preocupaba en esos momentos. Me dijo que trabajaba demasiado y que tenía problemas con su novio actual. De ahí que su inconsciente la alertara de esos sentimientos latentes de ansiedad e insatisfacción y le advirtiera que intentara introducir alegría en sus relaciones íntimas. A mi amiga le sorprendió oír esto; ¡de hecho, estaba muy sorprendida de haber descrito a su primer novio como representación de la alegría! ¿Por qué se le había ocurrido esta palabra? Porque su inconsciente quería que ella la oyera, quería animarla a que disfrutara de algo de felicidad. De hecho, su sueño no tenía nada que ver con tener relaciones sexuales con su antiguo novio. Por el contrario, era un amoroso recordatorio de que tenía que hacer algo para aliviar su estrés y volver a sentir alegría en lo más profundo, volver a experimentar lo que sentía cuando recordaba esa antigua relación.

Cuando sueñas que estás haciendo el amor es posible que, en algún nivel, también tenga alguna relación con el sexo en general, porque el sexo únicamente aporta el contexto. No obstante, en un nivel algo más profundo, puede que tenga que ver con la sexualidad en tu vida, en tu estado de vigilia. Por ejemplo, si mi amiga me hubiera dicho que disfrutaba con su actual pareja, quizás el sueño no me hubiera parecido un recordatorio de buscar la alegría, sino más bien una celebración de la felicidad que experimentaba. Pero como no estaba experimentando alegría o placer en su relación actual, su sueño le hizo una sugerencia. Esta nada tenía que ver con que inconscientemente deseara volver con su antiguo novio, sino con la necesidad de hallar la forma de recuperar la felicidad en su vida, y quizás eso podría ser con su novio actual.

Es importante que tengamos presente que este tipo de historias de los sueños nada tienen que ver con la nostalgia y que no hemos de dejarlas de lado por ese motivo. Soñar con tu juventud no significa que anheles volver a la época en que eras joven y no tenías problemas. Vamos a ser claros; también tenías problemas en aquel entonces, aunque quizás de distinta índole. Puede que ahora aquellos problemas no te parezcan tan apremiantes; sin embargo, en aquellos tiempos probablemente a ti te parecían muy reales y abrumadores. La idea de que los sueños solo representan deseos —como suponer que en el caso de mi amiga, su sueño revelaba el deseo de volver con su antiguo novio— es errónea y no tiene nada que ver con el tema, como tampoco lo tiene el concepto de Jung del inconsciente colectivo.

Hemos de devolver nuestros sueños a la tierra, atraer sus historias para que nos sirvan en nuestro estado consciente. La interpretación de tus sueños no tiene por qué ser útil a toda la humanidad, basta con que te lo sea a ti. Al fin y al cabo, tú y la historia de tu vida sois los verdaderos temas de este libro, y también de todos tus sueños. Tus sueños, tu inconsciente y la sabiduría que aportan son sobre ti. Solo tú eres el almacén de tu propia alma, de tu propia vida y de tu propia historia. Por consiguiente, eres una expresión importante de la energía divina.

Es demasiado simplista considerar los sueños como meras expresiones de un anhelo por una época en la que no tenías preocupaciones «reales», en que tu vida era diferente, mejor y más sencilla. Francamente, te haces un flaco favor cuando adoptas esa actitud. Si mi amiga hubiera calificado su sueño de mera nostalgia, puede que se hubiera pasado todo el día siguiente compadeciéndose de sí misma añorando el pasado, en lugar de darse cuenta de que necesitaba la experiencia de la alegría en su vida, y que podía conseguirla ahora mismo. Contemplar las imágenes de tus sueños desde una perspectiva simbólica, en vez de literal, facilita que saques provecho de sus consejos. Y no le des vueltas al mensaje, o corres el riesgo de que se te escape su sentido.

De hecho, existen muchos paralelismos entre la interpretación de los sueños y la creación artística. Cuando alguien crea arte —literario, musical o gráfico— comparte sus símbolos con otras personas. Cuando sueñas, tu inconsciente comparte sus símbolos contigo. Si alguna vez has ido a clase de arte o te has puesto a hacer algo creativo y novedoso, probablemente, te habrán dicho lo que te acabo de decir: el perfeccionismo es limitación. En la creación artística has de procurar no pensar demasiado en lo que estás expresando y en cómo lo estás haciendo, porque la lógica puede limitar tu imaginación. No dejes a tu crítico o corrector interior que reprima o limite tu sabiduría creativa. Ya habrá tiempo para pulir más adelante. Ahora, la forma de progresar es lanzarte de lleno con la menor vergüenza posible.

Asimismo, si lo que buscas es descubrir qué consejo te están transmitiendo tus sueños, procura no darles muchas vueltas o preocuparte por «hacerlo bien». La cuestión es que no existe una respuesta correcta. Si tu examante te inspira a que lo describas con la palabra «alegría», ¡simplemente, dilo! No lo razones y quieras corregirlo, sigue tu primer instinto. Con la práctica, descifrar los mensajes de tus sueños será más fácil y evidente.

A medida que vamos viviendo, van cambiando nuestras historias. Pero estos cambios son mucho más lentos y más difíciles si no tienes en cuenta el 95 % de tu sabiduría potencial. Trabajar con tus sueños te permite moverte con mayor rapidez a través de las duras transiciones de la vida. Si trabajas regularmente con tu inconsciente, si eres más consciente de tus sueños y le prestas atención a sus mensajes, si eres capaz de ser consciente de tu historia —de tu propia historia—, podrás realizar cambios que hoy serán más importantes. Podrás ser proactivo, en lugar de reactivo. Cuantos más sueños trabajes, a más sabiduría podrás acceder. Empecé a anotar mis sueños a principios de la década de 1980. Cuando me preparo una presentación, una charla o un taller, los reviso y siempre me resulta extraordinariamente fascinante ver que sueños de hace décadas tienen tanta relación con mi vida actual como la tenían con mi vida en aquellos tiempos. Además, esas anotaciones me recuerdan las increíbles formas en que he cambiado y he crecido durante las tres últimas décadas.

Soñar que estás en el servicio

Hay muchas personas que «sueñan que están en el váter»; en estos sueños hay heces y orina, que representan que el cuerpo se está deshaciendo de toxinas y residuos. Puede que tu inconsciente te esté diciendo que estás haciendo o que necesitas una limpieza, o bien que existe una dinámica tóxica entre tú y alguna persona.

Cuando empecé a anotar mis sueños no tenía ni la menor idea de la riqueza del inconsciente. Aunque me interesaban los sueños, era evidente que no conocía su verdadero valor. No comencé a anotarlos hasta que entré en un grupo de estudio sobre este tema. Al empezar a clasificar mis sueños se me abrió todo un mundo nuevo. En aquel entonces, aunque trabajaba como psicóloga clínica, nunca había recibido una formación seria sobre la interpretación de los sueños. A raíz de ello, me limitaba a aplicar todo lo que decía la líder del grupo. Aunque su interpretación solía decantarse hacia lo negativo, el proceso me parecía muy interesante y fascinante. Sin embargo, al final acabaron surgiendo diferencias entre la líder y el grupo. Era evidente que este último se estaba desintegrando y que a mí eso me afectaba mucho. No obstante, tras su disolución seguí estando interesada en los sueños.

Recuerdo que tuve un sueño muy perturbador, al poco tiempo de que sucediera eso, y me preguntaba qué iba a hacer sin una intérprete que me ayudara a analizarlo. Soñé que me encontraba en un aseo público y tenía retortijones. El váter empezaba a desbordarse hasta que todo se inundaba de mierda; estaba esparcida por todas partes. Me sentía desolada y humillada, y el olor era tan nauseabundo y fuerte que me desperté. Al despertarme, sin embargo, no había olor. Pero la intensidad del olor en el sueño era parte del mensaje que mi inconsciente estaba enviando a mi mente consciente.

Cuando le hablé a una amiga de mi sueño, me preguntó cómo lo interpretaría si estuviera trabajando con un paciente. Le respondí que en mi vida consciente me estaban pasando muchas cosas que apestaban y que tenía que resolver. Cuando me puse a pensar en ello, vi con claridad que tenía muchos conflictos en un aspecto de mi vida que se había vuelto muy importante para mí: mi interés en la interpretación de los sueños y la disolución de mi grupo de estudio. Mi sueño me estaba indicando claramente que tenía que prestar atención a una situación destructiva que estaba afectando a mi vida. Siempre le estaré agradecida a mi amiga por no intentar interpretar ese sueño y mostrarme que era capaz de hacerlo yo sola. Así es como aprendí, de un modo muy amable y sencillo, que podía trabajar por mí misma con mis sueños.

Este sueño fue especialmente llamativo porque me despertó ese olor nauseabundo, que era mi inconsciente diciéndome que prestara atención. En realidad, el sueño era una pesadilla. Pero su intensidad se debía a mi necesidad urgente de distanciarme de la líder del grupo, porque estaban surgiendo tantas dinámicas negativas dentro del mismo que participar en él se estaba volviendo verdaderamente dañino y peligroso. Mi sueño fue una llamada de atención para desconectar y seguir avanzando inmediatamente. Con la confianza que me transmitió este mensaje, pude seguir adelante sin rencores. Una vez reconocí que la dinámica del grupo no era buena para mí, sencillamente, comuniqué a la líder que me marchaba y le transmití mis mejores deseos. Al fin y al cabo, ella me había inspirado a empezar a pensar en mis sueños, así que le estoy agradecida por ello.

Este sueño demuestra por qué es tan importante seguir los consejos de tus sueños. Si rechazas tus sueños y estos están intentando transmitirte algo de vital importancia, se volverán cada vez más intensos hasta convertirse en pesadillas. No obstante, por mucho miedo que te den algunos sueños, su función es guiarte y ayudarte. Recuerda que tu inconsciente llamará cada vez más alto hasta que respondas.

Seguí los pasos que describo aquí para descubrir el mensaje que encerraba mi sueño de estar en el servicio y entender su enseñanza. Repetí el sueño en voz alta y despacio; después, reflexioné sobre lo que podría querer decir ese movimiento intestinal y un váter público desbordándose. En el aspecto más básico, lo primero representaba deshacerse de los desechos, la porquería que salía, mientras que lo segundo representaba el miedo a que todo el mundo viera y observara la materia tóxica. Literalmente, el olor intenso indicaba que estaba enferma o que había consumido algo que me había sentado mal, algo que estaba trastocando mi cuerpo.

Por consiguiente, el sueño me estaba demostrando que, fuera cual fuera esta sustancia tóxica, era a raíz de haber consumido —ingerido— algo verdaderamente nocivo o muy tóxico. Lo más importante en mi vida en esos momentos era mi relación con la líder del grupo, que se había vuelto tan conflictiva que lo que ella hacía me estaba poniendo en una situación de riesgo físico, emocional y, potencialmente, hasta legal. El sueño era un mensaje de mi inconsciente de que quería y necesitaba hacer las cosas a mi manera. Una vez hube observado y entendido el mensaje, pude pasar a la acción. Si mi sueño no hubiera sacado a la luz mis miedos y mis necesidades con semejante intensidad me hubiera costado más hacer algo al respecto, y ello podía haber supuesto exponerme a que me hicieran más daño y a correr más riesgos.

Sueños de control

Si hay una situación que te produce estrés en tu vida consciente y optas por no hacer nada para resolver el problema cuando se te aparezca en un sueño, este se repetirá. No necesariamente ha de ser un sueño recurrente en sí mismo, y quizás adopte distintas formas. Tal vez una noche sueñes que tienes un jefe nuevo que te obliga a hacer mal tu trabajo; otra noche, quizás sueñes que vas en un coche conducido por una persona que toma decisiones que te ponen en peligro. En cualquier caso, el mensaje es el mismo. Has de asumir el control de tu vida, en vez de entregar tus decisiones y tus sentimientos a otra persona.

Los sueños pueden presentarse de muchas formas, pero el mensaje seguirá siendo el mismo. De hecho, hasta cabe que tengas una serie de sueños interrelacionados. Si no les haces caso, al final tu inconsciente te presentará el sueño en forma de pesadilla. Podrías volver a soñar que vas de pasajero en el coche de otra persona. Pero, esta vez, el conductor se niega a reducir la velocidad y acabáis cayendo por un puente. Ahora te estás cayendo, entras en estado de pánico y estás abrumado. Este sueño, igual que en su primera versión más suave, te está intentando decir que tienes que retomar el control de tu vida. Sin embargo, ahora también te está indicando que no hacerlo puede tener graves y peligrosas consecuencias.

Las personas que sueñan con este tipo de escenarios suelen despertarse de su sueño pensando que es premonitorio, es decir, que están a punto de tener un accidente. No tiene por qué ser así. Por una parte, puede que el sueño te esté diciendo que tienes que revisar los frenos de tu coche para garantizar la seguridad y la estabilidad del vehículo. No obstante, otra interpretación podría ser que te estuviera indicando que, si hubieras sido tú quien conducía —si hubieras tenido el control— una situación emocionalmente perjudicial en tu vida consciente, quizás hubieras podido evitarla. Es el mismo mensaje, solo que expresado de un modo más llamativo. Si no tienes en cuenta ese consejo, tu inconsciente gritará más, zarandeándote para que te despiertes y hagas algo. Cuando alguien llama a tu puerta y contestas, deja de llamar. Lo mismo sucede cuando pones en práctica los consejos de tu inconsciente. Cuando pasas a la acción, el sueño, tema o pesadilla ya no tiene por qué regresar. No es necesario que te enfrentes a tus temores, porque ya estás haciendo algo al respecto.

Una clienta que era una gran bailarina, a la cual llamaremos Bárbara, tenía una enfermedad en la sangre que podía provocarle un accidente cerebrovascular. Para tratar su enfermedad tomaba una medicación muy fuerte que tenía muchos efectos secundarios. Le pregunté durante cuánto tiempo tenía que seguir con esa terapia, y me respondió con tristeza: «Durante mucho, mucho tiempo». Bárbara soñó que viajaba en tren haciendo un trayecto en el que entraba y salía de muchos túneles. El vagón de tren alternaba entre la brillante luz solar y la oscuridad mientras recorría el paisaje de su sueño. En el vagón había dos mujeres: una hermosa y con el pelo blanco, y otra normal. La mujer hermosa llevaba un elegante traje blanco y un colgante entre sus senos. La gema del colgante parecía blanca, pero reflejaba todos los colores de la luz. La otra mujer, de aspecto más humilde, solo llevaba un sencillo vestido blanco. Mi clienta se despertó sintiendo mucha fuerza, con la convicción de que se curaría de su enfermedad.

¿Qué le estaba aconsejando este sueño que hiciera? Empecemos por el tren. Un tren es un vehículo que te lleva del punto A al B. A diferencia de un coche, está limitado a unos raíles, a un camino establecido. A Bárbara, sin embargo, la mujer hermosa de pelo blanco le pareció que era una maestra espiritual, un ángel o manifestación de la Madre Naturaleza. Pero también representaba la sabiduría y el don de curar. Los túneles representaban los canales del parto, pasajes que dan al otro lado donde se encuentra el final del túnel. Resurgimiento. Renacimiento. Este sueño, que era muy breve, en realidad estaba cargado de simbolismo. Aunque no había mucha acción, era claro y reconfortante.

Se dio cuenta de que la mujer humilde reflejaba su humildad ante la enfermedad, mientras que la sabia representaba su fortaleza, su facultad para curarse. Era ese aspecto de sí misma el que llevaba el colgante, que reposaba directamente sobre su chakra del corazón y proyectaba una luz sanadora, que irradiaba de su propio corazón y sabiduría. Así que puede que ella estuviera en un proceso de muerte (medicación), del cual volvería a nacer (curación). Su sueño le estaba aconsejando que perseverara, que no perdiera el control, aunque el tratamiento fuera desagradable. También le recordaba que, aunque ella se subestimara por su enfermedad, su verdadera fortaleza irradiaba de su propio corazón, de su propia sabiduría.

Otra amiga tiene un sueño recurrente, especialmente interesante, cuyo escenario es su casa: un *bungalow* con un sótano, una planta principal y una buhardilla. En el sueño sabe que dentro de la casa vive un demonio, principalmente en la primera planta, aunque en ocasiones también se desplaza a la buhardilla o al sótano, detrás de la caldera. Siempre está confinado a una pequeña zona, pero ella sabe que quiere salir para asustarla. En sus sueños discute con él y le ordena que siga ocultándose y que no salga. Para descubrir los consejos del sueño, lo fuimos viendo por pasos.

Después de repetir el sueño despacio, lo tituló «El demonio en la casa». Le costaba identificar qué era lo que más ocupaba su mente en estado consciente, así que seguimos adelante y empezamos a definir los objetos de su sueño a nuestro marciano. Describió una casa como un lugar hermoso y cerrado para cobijarse, donde la gente vive y se siente a salvo, con agua corriente, cañerías y luces. Al principio tenía dificultades para describir al demonio, porque en realidad nunca llega a verlo en su sueño. Sin embargo, percibe su presencia como una fuerza negativa y un espíritu malvado. Le pedí que describiera lo que significaba «malvado»; lo definió como el aspecto malo de las personas, algo que provoca dolor, destrucción, sufrimiento, asusta, crea sentimiento de inseguridad y hiere a las personas física y mentalmente. Para comprender los consejos de su sueño teníamos que analizar lo que su inconsciente intentaba transmitir, presentándole una fuerza oscura y dañina en su casa: el lugar donde vive y donde debería sentirse a salvo.

Le pregunté en qué momentos de su vida consciente experimentaba sentimientos como los que le despertaba el demonio, con la intención de hacerle ver que igual la situación no era demasiado evidente (que es la razón por la que en el sueño nunca llega a ver al demonio). ¿Dónde se sentía herida, asustada e insegura? ¿Y por qué estaba el demonio en su casa, en lugar de en el banco o en la oficina? Al principio pensó que quizás se estaba presionando a sí misma. De hecho, uno de los peligros de suponer que tus sueños siempre son sobre ti es el riesgo de no analizar la influencia que tienen otras personas o situaciones en tu vida. Durante nuestra conversación se fue dando cuenta de que no conseguía el reconocimiento o el apoyo de su pareja o de su familia por sus logros; había superado muchas situaciones que habían puesto en riesgo su vida y había terminado unos estudios avanzados a una edad avanzada.

Al tener en cuenta la conducta de estas personas en el contexto de su sueño, Bárbara fue capaz de ver su vida con mayor claridad e identificar los cambios que podía hacer para mejorar la situación. Tomó la decisión de elogiarse a sí misma. Con esta acción, confirma su convicción de que es una persona capaz y extraordinaria, y de este modo los demás empezarán a creer en sus cualidades y a apreciarlas. «El demonio en la casa» es un sueño que asusta, pero tiene una intención positiva. Es una invitación a reflexionar sobre lo que realmente está sucediendo en su vida personal. Le demuestra que en el fondo no se siente segura, sino oprimida y herida, y por consiguiente no puede avanzar. Necesita asumir el control y realizar cambios.

Creyendo en sí misma y exigiendo con firmeza y sin acusar a nadie que sus seres queridos no la infravaloren, mi amiga reforzará su confianza en sí misma y pondrá punto final a su ansiedad. Cuando haya puesto esto en práctica, su sueño indudablemente cambiará. La próxima vez que el demonio haga notar su presencia, no tendrá miedo a enfrentarse a él. Lo reconocerá e incluso lo apreciará por lo que es: un símbolo para que ponga orden en su vida. Pero esto solo se producirá si asume el control y hace el trabajo en su estado consciente.

Las pesadillas y los sueños negativos se vuelven persistentes y perturbadores cuando no prestas atención a los mensajes menos intensos de tu inconsciente. Cuando atiendes a tus sueños y haces los cambios pertinentes en tu vida, cada vez tienes menos pesadillas. No obstante, has de entender que las pesadillas no cesarán nunca por completo. Y, lo creas o no, esto es bueno. Mientras sigas vivo, tendrás trabajo por hacer. Aunque actúes sobre cada uno de tus sueños, siempre habrá lugar para alguna que otra pesadilla, por la sencilla razón de que no estás entrenado ni te han animado a recordar tus sueños, y por eso no recuerdas la mayoría. Las pesadillas, sin embargo, las recuerdas. Por eso tu inconsciente te las manda de vez en cuando, para captar tu atención con una voz más alta y más potente. Y, a veces, tiene incluso que gritar.

De la oscuridad a la luz

El paso 7 de mi proceso del análisis de los sueños quizás sea el más esclarecedor, porque el propósito central del sueño siempre es animarte a la autoobservación y a afrontar tus temores y asuntos pendientes por ti mismo, para que puedas dejar atrás la oscuridad y ver la luz. Realmente, este es el mensaje más importante de cualquier sueño. No importa lo difícil que se ponga la vida, siempre hay luz más allá de la oscuridad. Nunca debes caminar con miedo ni en tus sueños ni en tu estado de vigilia. Concéntrate en las bendiciones que te ha concedido la vida, o en lo que ya tienes, y esas bendiciones aumentarán. Si quieres conseguir más dinero, intenta sustituir la palabra «dinero» por la palabra «bendiciones». Anhela más bendiciones para tu vida, y estas se producirán. Quizás de formas inesperadas.

Hay una antigua historia china que trata del hijo de un granjero que se cae de su caballo. Se rompe la pierna en la caída y ya no puede ayudar a su padre en la granja. Los aldeanos van a visitarlo y le dicen: «¡Qué pena! Es terrible que tu hijo se haya roto la pierna y no pueda ayudarte en la granja». Sin embargo, el granjero confiaba en lo Divino, y no quería calificar los hechos ni de buenos ni de malos. Simplemente, respondía: «Ya se verá». Al poco se declaró una guerra y todos los jóvenes de la aldea fueron reclutados para luchar menos el hijo del granjero que se había roto la pierna. Entonces, los aldeanos que iban a visitarlo empezaron a decirle: «¡Qué suerte has tenido de haberte roto la pierna, porque te has librado de ir a la guerra!» Pero él siguió respondiendo: «Ya se verá».

Esto es lo que quiero decir cuando digo que, a veces, las bendiciones llegan de formas inesperadas. En nuestra cultura solemos entregarnos a la oscuridad, a la desesperación. Por ejemplo, quedarte sin trabajo, aunque parezca una desgracia, también puede ser una oportunidad para que se abra otra puerta. Si confías en que las cosas irán bien, encontrarás la manera de seguir adelante. Pero hay veces en que descartamos oportunidades incluso antes de intentarlo. Aunque las oportunidades estén presentes, hemos de esforzarnos para seguir evolucionando. De hecho, una de las formas más sencillas de definir el propósito de nuestras vidas es este: no pares.

Cuando no haces nada, te encuentras fatal. Poner tu energía, concentración y tus creencias en los aspectos negativos y escabrosos de las situaciones solo empeora las cosas. Por otra parte, cuando afrontas esos temores desarrollas estrategias para trascenderlos. Esta es la razón por la que los métodos de autoayuda populares no sirven. Si solo tienes en cuenta lo positivo, te estás privando de la oportunidad de reflexionar sobre el aspecto oscuro de la vida. Sin embargo, contemplar directamente la realidad de la oscuridad y sobrevivir a ella te refuerza a ti y a tu fe. Aunque tengas toda la fe del mundo, si no te pones a trabajar o si estás bajo la influencia de tu miedo, tu estupidez o tu pasividad te perderás todas las bendiciones y oportunidades. Todas las acciones tienen consecuencias. Entendemos que somos los adorados hijos de lo Divino, pero Dios quiso que fuéramos cocreadores. Cada elección, cada segundo, cada respiración es una oportunidad para crear el tipo de vida que deseemos.

Hace años soñé que estaba sentada en una habitación vacía frente a un hombre que me estaba haciendo una prueba psicológica. Su hijo estaba sentado a su izquierda y su esposa a su derecha. Me quedaba dormida delante de él mientras me hacía la prueba, y luego me sentía desolada. Le puse el título «Ser irresponsable». ¿Qué me estaba sucediendo en aquellos momentos de mi vida? Tenía la sensación general de que no estaba atendiendo adecuadamente a las pruebas que me ponía mi alma o mi vida, me sentía excluida. También padecía una ansiedad tremenda porque mi trabajo de terapeuta empezaba a tambalearse, pues sentía que había llegado el momento de dedicarme a otras cosas que me interesaban y apasionaban y, además, estaba concentrada en escribir mi primer libro. Al tener menos pacientes, no estaba segura de poder salir adelante económicamente. Estuve tentada de ponerme a hacer pruebas psicológicas para aumentar mis ingresos, pero eso no me satisfacía como lo hacía la terapia.

Mi miedo y mi ansiedad condicionaban mis decisiones, tenía miedo de hacer algo que empeorara mi vida. En el sueño estoy haciendo un test psicológico pero me quedo dormida, no estoy presente. Soy una irresponsable. Sin embargo, el sueño también me demostraba que estaba dispuesta a asumir el riesgo de no hacer el test, durmiéndome durante el proceso. Esto me sirvió para aclararme con mis sentimientos y no tomar decisiones por miedo, sino basándome en lo que quería conseguir en mi vida.

Más o menos por la misma época, soñé que era más joven, más delgada, que estaba embarazada y que me trasladaba a una casa nueva. Me estaba preparando para el parto. Tenía el pelo oscuro y lo estaba haciendo todo yo sola, sin ayuda. Me sentía positiva y entusiasmada respecto al traslado y a tener el hijo. Cuando tuve ese sueño tenía sesenta y dos años, de modo que el sueño no me estaba indicando que pudiera estar embarazada realmente. El embarazo es una etapa de preparación y desarrollo; los bebés son, literalmente, nuevos comienzos. Mi cuerpo más joven y la nueva casa simbolizaban un avance hacia una forma de ser: más saludable y de espíritu más joven. Y me sentía bien respecto a hacer todo esto por mí misma. Si hubiera considerado que el sueño era simplemente premonitorio, hubiera supuesto despectivamente que algún día estaría delgada, tendría el pelo oscuro y sería positiva respecto a mis perspectivas. Pero no lo interpreté de ese modo, sino como una forma de mostrarme cómo podrían ser las cosas si hacía mi trabajo y me responsabilizaba de hacerlo sola. Así que cambié mi dieta y empecé a hacer ejercicio y a cuidar mi cuerpo. Desde luego, estoy más delgada y más sana, y soy más positiva respecto a mis proyectos.

Una buena amiga, con la que trabajo con frecuencia, soñó que ella, su madre, una niña y yo estábamos sentadas en la cocina admirando unos recuerdos que había comprado durante sus vacaciones: espadas y cuchillos muy afilados. Ella le repetía a la niña que fuera con cuidado porque las espadas estaban muy afiladas, y se lo demostraba cortando una hoja de papel. ¿Qué son las espadas? Están afiladas y son peligrosas, pero son un objeto que también requiere destreza. Ahora bien, las armas pueden ser un símbolo de violencia e ira. Sin embargo, en el sueño de mi amiga, ella está mostrando las armas y no está enfadada en absoluto. Esto simplemente demuestra que se siente orgullosa y que es capaz de manejar sus emociones. Al coleccionarlas, puede aprender a usarlas.

Más adelante, mi amiga me reveló un elemento del sueño que, al principio, le había dado vergüenza decirme. Las espadas tenían heces en sus bordes. Estaba intentando ocultar la parte desagradable de la expresión de su ira y de su capacidad para controlarla. Cuando hablamos de ello, admitió que tenía miedo de su propio poder. A lo largo de su vida había deseado intensamente que se produjeran ciertas circunstancias, y cada vez le había sucedido algo estremecedor, pero había permitido que estas se produjeran. Le indiqué que eso no tenía por qué ser la causa de sus miedos. Las cosas que le habían sucedido y la habían atemorizado tuvieron lugar en su infancia y su adolescencia. ¿Le darías una espada a un niño o a un adolescente? Desde luego que no. Pero un adulto puede manejarla con responsabilidad y, con la práctica, también con destreza. Por consiguiente, en el sueño se siente orgullosa de sus poderes y de saber manejarlos. También le está enseñando a su niña interior que, aunque el poder es maravilloso bien empleado, también puede ser peligroso. Todo es una cuestión de equilibrio.

El miedo y la culpa

Lo que ves, crees y experimentas en tu inconsciente se manifiesta en tu cuerpo. Guiarnos por las imágenes de nuestro inconsciente, tanto si las hemos recibido en un sueño como si ha sido a través de un estado de trance, puede ser útil cuando hemos de enfrentarnos a alguna dificultad, a algo que tiene un efecto negativo en nuestra vida. Aconsejé a mi amiga que reflexionara sobre su sueño de las espadas —y el miedo a su propio poder que simbolizaba el sueño— volviendo a entrar en el mismo con la intención de sanarse. Recuperando las espadas y limpiando los bordes, fregándolas y desinfectándolas a fondo hasta que estuvieran limpias y afiladas, fue capaz de reconocer su poder sin avergonzarse o abochornarse. Pudo repetir la interacción con la niña, permitiéndole que la viera manejar las espadas limpias y con destreza.

Cuando mi amiga negaba su poder, negaba un aspecto de sí misma que su alma había intentado reivindicar en el pasado. La vergüenza le impedía progresar. Pero cuando nos enfrentamos a esos aspectos de nosotros mismos que nos alteran y asustan, cuando vemos que podemos manejarlos, podemos superar la vergüenza. Cuando tenemos miedo, restringimos nuestras opciones. Por ejemplo, si te aterran los gérmenes, es comprensible que reduzcas tu contacto con los demás. Si te da miedo volar, lo más normal es que no viajes mucho.

Una amiga que dejó de fumar hace una década tiene un sueño recurrente en el que vuelve a ese hábito. Empezó su análisis del sueño poniéndole el título «Me han pillado volviendo a fumar». Cuando le pregunté cómo se sentía al despertar del sueño, me respondió que se sentía culpable, como si realmente hubiera estado fumando. Eso le hacia sentir que era una mala persona. No obstante, se dio cuenta de que no era fumar lo que realmente la avergonzaba, sino haber incumplido una norma.

La culpa puede ser un factor importante en los sueños y genera una dinámica muy curiosa. Mi amiga observó que cuando empezaba el sueño sentía que lo que estaba haciendo, simplemente, estaba mal, aunque a medida que este iba avanzando su malestar no era tan fuerte. No obstante, al ser un sueño recurrente, ¡tenía que tratarse de algo más que simplemente disfrutar de un cigarrillo en un sueño! Le pedí que reflexionara sobre su vida cotidiana, sobre lo que más la preocupaba últimamente, y que pensara qué era lo que el sueño podría estar sugiriéndole. Me dijo que se sentía atraída a incumplir las reglas, es decir, todas las directrices y las estipulaciones que se suponía que debía acatar en su trabajo y en la sociedad. Sentía que en su vida tenía que hacer lo que querían los demás, mientras que en sus sueños podía hacer lo que le diera la gana. Podía fumar.

Esto es comprensible, pero el sueño tenía más contenido. Le pregunté qué había hecho con esa información, cómo había manejado ese sentimiento de reivindicar sus derechos. Me respondió que, como no quería comprar tabaco, se lo pidió a su hermana. Su hermana y ella habían fumado juntas de adolescentes, aunque en aquel entonces tenían una relación «nefasta», según me dijo. No obstante, actualmente, su relación es buena. Así que está regresando a una experiencia conflictiva de su pasado, una experiencia de romper las reglas, porque está relacionado con algo que le está sucediendo en el presente. Le pregunté qué es lo que le estaba sucediendo en aquellos momentos con una persona que es como una hermana para ella, en el sentido de que siempre estaban juntas. Me comentó que estaba atravesando una etapa de muchos conflictos con su pareja. Su inconsciente le estaba indicando que tenía que afrontar sus sentimientos respecto a su pareja.

En el sueño, mi amiga incumplía las reglas y hacía lo que le apetecía: se permitía fumar. No obstante, el sueño no hubiera sido recurrente si le hubiera hecho caso y hubiera realizado los cambios pertinentes en su vida cotidiana. Le pregunté qué es lo que le provocaba mayor tristeza en su estado consciente y volvió a su sentimiento de limitación en todo lo que hacía en su vida. Así que, en lugar de simular que rompe las reglas durante el sueño, tiene que empezar a conectar con esa conducta en su estado de vigilia para mejorar su salud física y mental. El sueño no la estaba incitando a que saliera a romper las reglas. Le estaba sugiriendo que tomara decisiones conscientes como una adulta. Al fin y al cabo, si se limita a incumplir reglas, está adoptando la actitud reactiva de una niña.

Al final llegó a la conclusión de que necesitaba aligerar su vida. Había estado viviendo bajo un conjunto de reglas internas y se había juzgado con mucha dureza por romperlas. Por ejemplo, creía que era ella quien tenía que arreglar personalmente todo lo que rompía en la casa. Cuando tenía que enfrentarse al hecho de que a veces necesitaba llamar a un profesional para hacer la reparación, se sentía una fracasada. Entonces, se dijo a sí misma que tenía que concederse un respiro, que no había ninguna regla que le prohibiera buscar ayuda y que todo iría bien. Si simplemente hubiera vuelto a dormirse y a soñar que fumaba, eso no la hubiera ayudado en nada en su vida consciente, y el sueño hubiera seguido repitiéndose para captar su atención.

En su lugar, al tomar la decisión consciente de observar el sueño y atar los cabos que la devolverían a su estado de vigilia, consiguió identificar una verdad profunda y básica: que no tenía que limitar su vida a una serie de reglas arbitrarias que luego la hacían sentirse culpable por romperlas. Cuando reconoció que estaba censurando la ruptura de lo que ella consideraba sus propias reglas, se sintió más aliviada. El sueño le estaba demostrando que quería romper las reglas, es decir, hacer lo que quisiera. Pero si se hubiera quedado solo con eso no habría podido descifrar el mensaje más importante: que permitir que su mundo estuviera controlado por reglas, ya fueran estas externas o autoimpuestas, estaba teniendo un impacto negativo en su vida actual. Este es el valor que tienen los sueños.

Curiosamente, hay otro ejemplo de que cambiar un sueño antes de que hayas descifrado totalmente su mensaje puede interferir en la comunicación con tu inconsciente. Si no te das cuenta de por qué estás soñando algo, es imposible que aprendas nada. Hasta que no recibas todo el mensaje y actúes al respecto, no estarás comunicándote eficazmente con tu inconsciente. Si siempre sueñas que te ahogas, pregúntate por qué. Es probable que estés agobiado y que sientas que no puedes respirar, que te estás ahogando. Una vez recibido el mensaje, ya puedes empezar a analizar tu presente, solo el presente: no el pasado, ni siquiera el inconsciente. Después deberás actuar de acuerdo con el mensaje. Cuando hayas hecho esto, podrás cambiar tu sueño como gustes.

Aplicar las lecciones de los sueños

Puesto que en el inconsciente no existe el tiempo, podemos aplicar al presente sueños que hemos tenido en el pasado y seguirán siendo actuales. Recientemente he estado releyendo algunos de mis sueños, y me ha llamado la atención uno que tuve hace varios años, cuando me enfrentaba a la ardua tarea de hacer publicidad de mi primer libro.

Soñé que mi madre tenía cáncer en las piernas. En el sueño, ella, yo y el resto de la familia estábamos horrorizados. Yo decidía cuidarla alimentándola solo con frutas frescas y verduras.

Mientras reflexionaba sobre el sueño, puse en práctica el proceso. Las piernas te llevan desde el punto A hasta el B. Yo adoraba a mi madre, pero ella era muy pasiva, y las personas pasivas, muchas veces, se vuelven pasivo-agresivas. Mi madre, excelente cocinera y querida por todos, tenía problemas para caminar. Puesto que el soñador siempre sueña con el soñador, mi madre me representaba a mí en mi propia vida, por supuesto. Así que el mensaje del sueño era el siguiente: para avanzar en mi vida y en mi trabajo, no podía ser pasiva. Tenía que cuidar de mí misma y responsabilizarme. Por desgracia, no había captado todo el mensaje del sueño. Al reflexionar sobre el mismo, me di cuenta de que si lo hubiera hecho —si hubiera sido proactiva en la promoción de mi libro— mi mensaje habría llegado a muchas más personas. Esta es justamente la razón, por la que fue este sueño, entre todos los demás, el que me llamó la atención. Contenía unos consejos en los cuales no había reparado o no había aceptado por completo.

Cuando aplicas el mensaje de tus sueños —aunque sean del pasado— a tu vida cotidiana, puedes hacer grandes progresos. Pregúntate qué es lo que percibes o cómo percibes las cosas ahora, o quizás cómo sentías y veías el mundo antes. No juzgues o corrijas, solo observa y acepta. Aunque solo dediques unos minutos al día a tus sueños avanzarás, porque el efecto es acumulativo. Para ensalzar la esencia de cada pasito hacia delante, reconócelo cada vez que lo das. Por ejemplo, si tus sueños te han revelado que eres una persona reservada con tu afecto, procura observar en qué momentos del día te has sentido afectivamente cohibida. Entonces, haz algo para ser más afectiva. Del mismo modo que animarías a tu hijo o hija cuando está dando sus primeros pasos, sé amable y date ánimos. Perseverancia —trabajar un poco todos los días— es lo único que necesitas para cambiar. Reconocer los pasos que das hacia el cambio te hace ser más consciente de ellos.

* * * * * * * * * * * * * * *

Resumiendo...

1. Repite el mensaje que resumiste en el paso 6 en voz alta.
2. Reflexiona sobre las soluciones simbólicas que te ofrece el sueño.
3. Traduce los consejos simbólicos con sentido común, relacionándolos con tu situación actual en tu estado consciente.
4. Si no ves las soluciones que te ofrece el sueño, piensa qué pasos puedes dar para solucionar los temas que han surgido en el sueño.
5. Piensa en una o dos acciones prácticas para responder a los consejos de tus sueños.
6. Reconoce tus pasitos.

Parte III

Trabaja
con los sueños

12

Trabaja con sueños sencillos

hora, confío en que ya te habrás dado perfecta cuenta del valor que tienen la repetición y la práctica. En esta sección doy ejemplos basados en conversaciones reales que he tenido con mis clientes y amigas en nuestros análisis de sus sueños reales. Observar los siete pasos a medida que los vamos abordando ilustra cómo es este proceso, y nos ayudará a sensibilizarnos con cada uno de ellos. Espero que leer estos diálogos y empezar con los tuyos te sirva para entender mejor su funcionamiento y por qué es tan valioso seguirlos.

El primer ejemplo nos muestra cómo recopilar mucha información de un sueño extremadamente breve. Puesto que las imágenes valen más que mil palabras, el mensaje de un sueño suele estar comprimido. El proceso de los siete pasos te ayudará a descubrir mensajes extraordinariamente complejos hasta en los sueños más simples.

«D», en su sueño, soñó con un sujetador: un simple sujetador. Cuando se preguntó por qué había soñado con un sujetador, le aconsejé que dejara de darle vueltas y que, simplemente, lo anotara. Entonces empezamos con los pasos.

DEC: ¿Para qué sirve un sujetador?

D: Para sujetar los senos.

DEC: Ahora describe un sujetador y unos senos a nuestro amigo marciano. Imagina que estás describiendo algo que ha de ser obvio para la mayoría de las personas. Pero no des nada por hecho. Tu inconsciente habla de una forma muy concentrada. Y recuerda que una imagen vale más que mil palabras.

D: Los senos son los montículos de grasa en el pecho de una mujer, que también sirven para alimentar a sus hijos. Un sujetador los mantiene en su lugar para que no cuelguen ni reboten.

DEC: Luego, los senos son muy importantes porque alimentan a los bebés. ¿Qué son los bebés?

D: Son parásitos que crecen y succionan la vida de tu cuerpo.

DEC: ¿Parásitos? ¿Cosas de las que te quieres deshacer y que quieres destruir?

D: No, los alimentas hasta que crecen.

DEC: ¿Alimentas a un parásito?

D: Sí, has de cuidar de él y nutrirlo, alimentarlo y cambiarlo.

DEC: ¿Por qué?

D: Para que crezca y sea un ser independiente.

DEC: ¿Por qué quieres que crezca y sea independiente?

D: Porque hemos de conservar la especie.

DEC: Sí, supervivencia. Así que alimentas a un bebé porque está muy indefenso y no podría sobrevivir por sí solo. Ahora, volvamos a tu sujetador. Un sujetador soporta esta parte tan importante del cuerpo, que básicamente sirve para la supervivencia de la especie.

D: ¡Vaya! Han salido muchas cosas de una sola palabra.

Aquí, cuando nos hemos puesto a pensar en la sencilla imagen de un sujetador de la manera más simple posible, esta nos ha conducido al mensaje del sueño. Soy mujer y llevo sujetador para sostener mis senos, que alimentan a los bebés, lo cual garantiza la supervivencia de la especie. Cuando haces esto, la intención del sueño se vuelve muy clara.

* * * * * * * * * * * * *

Resumiendo...

1. Un sueño extraordinariamente breve puede aportar mucha información.
2. Los mensajes de los sueños suelen estar comprimidos en imágenes muy comprimidas.
3. La deconstrucción de estas imágenes comprimidas, incluso en sueños muy simples, sirve para que entendamos claramente su mensaje.

13

Inventa sueños

Como ya hemos visto, los sueños son como la versión inconsciente del periódico del día: *The Daily Dreamer*. Tus sueños,
igual que los periódicos, narran las noticias de actualidad
—las del día— pero también incluyen editoriales igualmente importantes; es decir, comentarios sobre los acontecimientos. Tus
sueños siempre tendrán relación con lo que sea más importante en
tu vida en estos momentos. Recientemente ayudé a una amiga a
entender cómo funciona esto, hicimos un ejercicio práctico en el
que componíamos un sueño. Es muy útil para los principiantes que
todavía tienen que recordar la mayor parte de sus sueños. También
lo es para los soñadores avanzados que quieran conectar con su inconsciente en su estado de vigilia. Las dos cosas más importantes
que has de recordar son:

* Ten siempre presente qué es lo más importante en tu vida en
  estos momentos.
* Piensa como un artista: crea instintivamente y reserva las correcciones para más adelante.

Empieza con tus titulares o acontecimientos actuales. Los sueños más recientes probablemente tratarán estos temas, aunque también es importante recordar que los sueños son multidimensionales. Tus sueños tienen un sentido literal, uno secundario, un tercer significado y quizás hasta un cuarto, pero no es necesario que intentes descifrarlos todos a la vez. Empieza siempre por observar cómo se relaciona el sueño, sea el que sea, con lo que más te preocupa mentalmente. Luego crea un escenario que trate de estos temas. Recuerda que en el mundo de los sueños no existen límites, ni reglas. No te preocupes por los pequeños detalles. Estos detalles irán surgiendo instintivamente y, cuando lo hagan, se acercarán al lenguaje del inconsciente, reflejarán los consejos con símbolos como lo hacen los sueños reales.

Aquí tienes un ejemplo, se trata de un sueño que una amiga (a la que llamaremos «F») y yo inventamos para ayudarla a entender qué estaba sucediendo actualmente en su vida: sobre la salud de su madre. Ella estaba concentrada en cuidar de su madre y en organizar las visitas y las recetas. También tenía estrés laboral y conflictos con su jefe. Yo le preparé el escenario, y luego, ella se encargó del resto.

DEC: Vas por la calle con una receta para los medicamentos de tu madre. Por alguna razón, has salido del coche y tienes que caminar, y te das cuenta de que la farmacia ha cambiado de lugar. Empiezas a buscar a tu alrededor preguntándote dónde estará. No la encuentras pero necesitas los medicamentos para tu madre, y empiezas a parar a personas para pedir ayuda o que te indiquen cómo ir. Nadie sabe dónde está la farmacia, nadie parece saber de qué estás hablando. Sigue a partir de aquí.

F: Entro en el edificio donde se supone que está la farmacia, pero en su lugar hay un parque de atracciones con una enorme noria. Pienso que, si me subo a la noria y doy unas cuantas vueltas, quizás encuentre la farmacia. Cuando mi cabina llega arriba, la noria se para, como suelen hacer las norias. Miro y, de pronto, veo una plataforma y la farmacia está allí. Puedo bajar y cruzar hasta la misma. Todo está en las alturas.

DEC: Si pudieras elegir, ¿te despertarías en ese momento o seguirías soñando?

F: Me despertaría.

DEC: Ahora, revisemos los pasos. Ponle un título al sueño.

F: «Sorpresa.»

DEC: ¿Es una sorpresa agradable o desagradable?

F: Agradable.

DEC: ¿Qué te está indicando realmente tu inconsciente? Si repites lentamente lo que pasa en tu sueño, ¿qué aprendes? Ahora, recapacita sobre el significado de la información describiéndosela a alguien que no tenga ninguna referencia. ¿Qué es una receta?

F: Una forma de conseguir medicamentos que mejorarán la salud de mi madre o de alguna otra persona.

DEC: ¿Y cómo buscaste los medicamentos?

F: Salí del coche. Tuve que caminar, lo cual supuso más esfuerzo. El lugar donde tenía que encontrar lo que necesitaba mi madre había desaparecido, y tuve que pedir ayuda para encontrarlo.

DEC: Pides ayuda y nadie puede ayudarte. ¿Qué pasa entonces?

F: Busco la farmacia en el edificio donde solía estar. Entro.

DEC: ¿Qué es una farmacia? ¿Y qué encontraste en su lugar?

F: Una farmacia es un lugar donde se encuentra algo que va a ayudar a mi madre, el lugar que tiene las herramientas para curar a las personas. Hay una noria en el lugar donde estaba la farmacia.

DEC: ¿Y qué es una noria?

F: Es algo en lo que te montas y te da una vuelta divertida y agradable, que gusta y divierte a la gente. Es muy sencillo. Te eleva por los aires y te vuelve a bajar. Te da vueltas lentamente, te eleva y te baja del cielo.

DEC: ¿Y qué haces cuando la descubres? ¿Te montas para que te dé esa vuelta divertida y agradable, que te sube y te baja del cielo?

F: Decido montarme y disfrutar del viaje.

DEC: No lloras, ni te pones histérica o te entra el pánico respecto a dónde encontrar las medicinas. Por el contrario, decides divertirte un poco. Te montas en la noria y, ¡qué casualidad!, encuentras la farmacia en la cima, en el aire. Así pues, ¿qué te está diciendo el sueño en términos generales?

F: Que si tomo el camino habitual para curar a mi madre, quizás no lo encuentre. Si me relajo, encontraré un camino agradable y fácil, con momentos de alivio y alegría, para ayudar a mi madre.

DEC: Y estará en el aire, ¡extraordinario!

Inventar un sueño puede ser otra forma eficaz de realizar el trabajo de los sueños. En primer lugar, piensa en algún acontecimiento actual de tu vida, algo que esté acaparando tu atención. Luego inventa un sueño al respecto. No pienses en ello; simplemente, elige una situación básica relacionada con tu vida actual y dale rienda suelta a tu imaginación.

* Vas de camino al trabajo, llegas tarde, y entonces...
* Estás preparando la cena para tu familia, y entonces...

Cuando creas un sueño de este modo, estás sacando algo de tu hemisferio izquierdo, del mundo del pensamiento lógico (la situación o escenario cotidiano) e imaginas qué podría haber sucedido si el mismo acontecimiento se hubiera desarrollado en el hemisferio derecho, en el mundo simbólico. Cruzas el puente que enlaza tu hemisferio izquierdo con el derecho. Pero para aficionarte a cruzar el puente has de ir hacia atrás y hacia delante, hacia atrás y hacia delante, cruzarlo una y otra vez. Es como aprender un idioma; para hablarlo con fluidez, has de practicar.

Cuando inventas un sueño, empiezas en el mundo consciente con cualquier tema que sea importante para ti, y luego cruzas el puente hacia el inconsciente. Cuando sientes que el sueño está completo, es decir, cuando eliges un punto donde te parece bien despertarte, cruzas al mundo consciente con un mensaje sobre lo que tienes que hacer con tu problema en tu estado de vigilia. Para mi amiga fue la revelación de que aportarse alegría y placer a sí misma, por extensión, también ayudaría a su madre y sería el aspecto más curativo de la experiencia. Se inventó un sueño extraordinario, que la respaldaba de un modo muy hermoso.

* * * * * * * * * * * * * * *

Resumiendo...

1. Inventar un sueño puede ser tan útil como recordar uno.
2. Cuando inventas un sueño, extraes algo del hemisferio izquierdo, de tu mundo lógico de vigilia, e imaginas la misma situación en el mundo simbólico del hemisferio derecho.
3. Cuando inventes un sueño, ten siempre presente qué es lo más importante en tu vida en estos momentos.
4. Cuando inventes un sueño, piensa como un artista, crea instintivamente y guarda las correcciones para después.

14

Trabaja con sueños detallados

Las personas que recuerdan sus sueños con mucho detalle me suelen preguntar por dónde han de empezar a analizarlos. Cuando analizamos un sueño muy detallado, es importante que te fijes en los detalles que más te han llamado la atención —los que más te han fascinado personalmente— o los que eran más incoherentes con el resto del sueño, como el cocodrilo sentado a la mesa. «L» relató un sueño bastante detallado que ilustra el hecho de que tener en cuenta los detalles por separado y en relación con el resto puede ayudarnos a traducir su mensaje. Aunque nos parezca una «locura» o que no tiene ningún sentido. Este sueño nos demuestra que, cuando pinchamos un poco, hasta los sueños más estrambóticos tienen mucho sentido si los analizamos detalladamente.

L: Anoche soñé algo totalmente descabellado. Era maga y me deslizaba por la rampa del castillo hasta un estanque de agua sucia, eso fue horroroso. Allí mataban cerdos y había carcasas y restos de animales flotando en el agua. El castillo estaba en

Disneylandia, pero también era un castillo real con foso. Tenía que nadar en aquella agua, fangosa, turbia y apestosa; intentaba mantener la boca fuera de la misma para no tragar nada. ¿Qué significa el agua en este sueño?

DEC: Puede significar muchas cosas. Describe el agua. Recuerda que soy una marciana.

  L: Es un líquido que necesitamos para sobrevivir. Podemos desplazarnos sobre o a través de ella, y también ahogarnos en ella. La utilizamos para lavarnos y para disfrutar.

DEC: ¿Qué cualidades de la vida pueden llevarte, elevarte, pero también ahogarte, limpiarte y renovarte? ¿Qué puede ser maravilloso y abrumador de un modo tan persistente, básico y envolvente?

  L: ¿Las emociones?

DEC: Sí. Aunque las emociones son la fuerza vital, también son abrumadoras. Vuelve a describir el agua lentamente, pero recuerda esta conexión con tu estado emocional.

  L: El agua era ponzoñosa. Era una asquerosa masa de residuos que realmente no quería que me entrara en la boca. He pasado una semana muy mala. He tenido dolor y me he deprimido.

DEC: Estaba tan asquerosa porque sentías que estabas inmersa en un entorno ponzoñoso. Vamos a ponerle título al sueño.

  L: No sé cómo llamarlo. Era muy confuso, porque era como si estuviera en Disneylandia, pero todo era demasiado grande y realista para ser Disneylandia. Era un sueño muy extraño.

DEC: No es extraño; simplemente, está condensado, como una imagen que encierra mil palabras. No le des más vueltas. Estás soñando contigo misma y en tu sueño eres una maga en un castillo de Disneylandia y te caes a un estanque de agua putrefacta. ¿Título?

  L: «Maga en Disneylandia.»

DEC: Muy bien. Ahora veamos qué es lo que más te preocupa en estos momentos de tu vida. Me has dicho que te sientes depri-

mida porque tienes mala salud y has pasado una semana horro-
rosa. De modo que eso será lo que va a reflejar el sueño. Ahora,
describe qué es una maga.

L: Una maga es alguien que tiene poderes especiales que transfor-
man las cosas usando la magia y la alquimia.

DEC: En tu sueño, eres una maga. Puedes transformar las cosas que
hay en el agua fangosa, asquerosa y llena de carcasas. ¿Trans-
formarlas cómo? ¿Qué es Disneylandia?

L: Es un maravilloso y reluciente parque de atracciones. Es un
lugar de distensión, diversión y juego.

DEC: Bueno, hay una serie de mensajes en el sueño. Sientes que te
deslizas hacia abajo, que no es lo mismo que entrar lentamente
en una situación. Es una acción rápida en la que notas que
pierdes el control. Recuerda que todas las partes de tu sueño
son importantes. Te caes en la repugnante agua llena de animales muertos y al mismo tiempo estás en Disneylandia, de
modo que también hay un elemento de diversión. Si lo interpretas literalmente, es asqueroso y horrible. Es especialmente
extraño, porque Disneylandia es un lugar limpio. Pero eres la
maga que puede transformar el agua apestosa en otra cosa, en
una situación alegre y agradable para ti. ¿Cómo te sientes en tu
entorno cuando estás despierta?

L: Me siento confundida, desafiada y abrumada.

DEC: Luego, en el sueño, tienes la sensación de que apenas logras
mantener la cabeza fuera del agua y que has de procurar que no
te entre la porquería por la boca. Te estás esforzando para
mantener la cabeza bien alta. ¿En qué aspecto de tu vida consciente te sientes tan abrumada? ¿Qué problemas te están hun-
diendo? Recuerda que los sueños representan en imágenes tus
experiencias en estado de vigilia.

L: No estoy segura.

DEC: Muy bien. Intenta profundizar. ¿Qué son las carcasas de cerdo?

L: Un cerdo es un animal que come bazofia, porquería.

DEC: Estás rodeada de cerdos muertos y de agua llena de desechos, que es lo que comen los cerdos. Aplica esta parte a tu vida consciente. ¿Comes basura en tu estado de vigilia? No juzgues, solo observa y acepta.

L: Sí.

DEC: Y en tu sueño los cerdos están muertos. En otras palabras, es posible que tu inconsciente intente decirte que comes basura cuando estás despierta y que te está sentando tan mal que te sientes abrumada. Sin embargo, está en tu mano transformar muy fácilmente lo que comes, porque eres maga, tienes el poder de la transformación.

L: De hecho, recuerdo que, en el sueño, iba a transformar el agua. Casi estaba en paz. Me encontraba en el agua turbia y era muy desagradable, pero recuerdo que pensé: «Soy maga. Tengo la facultad de cambiar esta agua para que se vuelva pura y cristalina».

DEC: Quizás estés comiendo basura y sea la causa por la que te sientes confundida, incómoda y sucia. El sueño yuxtapone tu estrés y estar abrumada con el parque de atracciones, que es un lugar recreativo. De modo que no se limita a relatar lo que te está sucediendo en la vida, lo está corrigiendo. Te está señalando que puedes salir de esta situación apestosa, que eres capaz de transformarla y de hacerlo de un modo agradable y divertido.

L: Esto tiene sentido, porque no dejaba de pensar: «Estoy en Disneylandia, ¡debería ser perfecto!» Ahora veo que el mensaje es que he de comenzar la transformación.

DEC: De lo que se trata es de hacer el trabajo. Pero no quieres hacerlo, ¿verdad?

L: Sí y no.

DEC: Ese dilema, esa ambivalencia se plasma en el sueño. El sueño te está diciendo que eres maga, pero que, si no haces tu trabajo, terminarás ahogándote en el apestoso fango y te sentirás mal por ello. ¿Qué más te está diciendo?

L: Que si hago mi trabajo, podré transformarlo todo.

DEC: ¿Y qué otros consejos te está dando tu sueño?

L: Que he de aclararme con mis sentimientos. Y los cerdos me están diciendo que he de hacer algunos ajustes para cambiar mi forma de comer. No he de permitir que los demás decidan por mí, porque se trata de mi vida, de mi cuerpo, y yo soy la que terminará hundiéndose en el fango.

Este sueño muestra por qué es tan importante que evitemos las reacciones automáticas respecto a los sueños que nos parezcan estrambóticos, que son una locura o que no tienen sentido. ¿Qué es Disneylandia? Es un lugar grande y fascinante, hay personajes y entornos mágicos. Es así de simple. Nos perdemos porque todavía no nos hemos familiarizado con el lenguaje de los símbolos.

* * * * * * * * * * * * * * *

Resumiendo...

1. Hasta los sueños más extraños tienen sentido cuando los analizas detenidamente.

2. Cuando interpretas los sueños detalladamente, te concentras en los detalles más llamativos o que desentonan más con el resto del sueño.

3. Hasta los sueños complejos se relacionan siempre con una situación o un hecho de tu vida consciente.

15

Trabaja con múltiples sueños

Algunos sueños pueden aclarar o dar información sobre el significado de otros. No tienen que ser de la misma noche, o ni siquiera del mismo año. Puesto que en el inconsciente no existe el tiempo, recordar ahora un sueño que tuviste hace décadas puede tener una estrecha relación con el sueño de la noche anterior.

Los sueños que «E» describe a continuación son especialmente útiles para ilustrar esto, porque el soñador es una persona muy de hemisferio izquierdo y muy literal en su estado de vigilia, aunque está progresando mucho en la utilización de su hemisferio derecho, es decir, de su aspecto intuitivo. O sea, es como la mayoría de las personas, en cuanto a que tiende a racionalizar las cosas. Sin embargo, como la mayoría de las personas que leen este libro, está interesado en desarrollar su comprensión del inconsciente. Así es como me describió su último sueño:

E: Era un sueño donde todo el mundo tenía que aprender a limpiar una cadena de extrusión, teníamos que hacer turnos para ello y era mi turno.

DEC: ¿Qué es una cadena de extrusión y para qué sirve? Recuerda que se lo estás explicando a una marciana. Extrusión significa sacar algo, extraer algo. ¿Significa eso en tu profesión de ingeniero?

E: Es una cadena para la fabricación de un producto.

DEC: ¿Puedes ser más preciso? ¿Una cadena para fabricar qué tipo de producto?

E: Tuberías. Creo que la importancia del sueño radica en que yo ya conocía ese trabajo de limpiar cadenas de extrusión, así que intentaba convencerles de que no tenía que aprenderlo. Puesto que es lo que hago siempre, no tenía que demostrar nada.

DEC: ¿Estaban practicando los demás esta función en el sueño? ¿Cuántas personas había?

E: Las otras personas no eran importantes.

DEC: Recuerda: observa y acepta. No intentes juzgar qué es y qué no es importante. Todas las partes de un sueño contienen información. Ahora, solo estamos recopilando datos. ¿Podrías calcular cuánta gente había? No le des vueltas, di la primera cifra que se te ocurra.

E: Dos, aparte de mí. Cuando terminó el sueño, yo no había aprendido a limpiar ni había limpiado la cadena, porque ya sabía hacerlo. Este era el tema del sueño.

DEC: Entonces, los otros ingenieros no empezaban desde cero con los otros operarios, pero tú ibas al grano. No necesitabas la formación, porque ya eras un experto. Tenías más experiencia.

E: Sí, creo que significa que soy más experimentado.

DEC: Vale, ¿puedes ponerle un título?

E: «Formación.»

DEC: ¿Y qué te está diciendo el sueño realmente?

E: Me está diciendo que sé lo que estoy haciendo y que no necesito demostrarlo.

DEC: Sí. Ya no tienes que volver a lo básico, eres capaz de pasar a otro nivel. Recuerda que los sueños son multidimensionales.

Así que, literalmente, tu sueño te está comunicando algo sobre el trabajo, donde lo básico ya lo tienes por la mano. Ahora, vamos a trasladar esto a otros aspectos de tu vida consciente. ¿Son las extrusiones algo que aprendiste de manera autodidacta?

E: Aprendí a hacerlo con el tiempo, mediante ensayo y error y práctica.

DEC: Muy bien, fantástico. Apliquemos esto a la vida cotidiana. Tu sueño te está diciendo que has aprendido y hecho ciertas cosas, y que has mejorado mucho gracias a la práctica. ¿En qué aspecto de tu vida crees que necesitas aprender? ¿En qué aspectos de tu vida te consideras hábil y capaz? Empieza por lo más básico.

E: Uno de esos aspectos son las lecturas espirituales.

DEC: Cuando estás consciente, te parece que no necesitas más formación en realizar lecturas espirituales porque has trabajado en esa materia, lo has hecho y has comprobado que eres bueno. Sigue.

E: Creo que mi sueño me está confirmando que he hecho bien mis lecturas, que sé cómo hacerlas y que deje de preocuparme al respecto.

DEC: Así que te está diciendo que confíes más en ti mismo y tengas más autoestima. Recuerda que *tu* sueño ha sido ingeniado por un ingeniero que es muy de hemisferio izquierdo, muy técnico y muy orientado al trabajo.

En esta parte de nuestra conversación observé que se estaba frotando la rodilla. Recordemos que ya he mencionado esto antes en el contexto de las energías masculina y femenina. Pero esta acción se vuelve todavía más significativa en el contexto de este sueño. Así que se lo indiqué.

DEC: ¿Por qué te frotas la pierna?

E: ¡Ah!, por nada.

DEC: No, esto es importante. No excluyas cosas. Pregúntate por qué te estás frotando la rodilla, porque tu cuerpo también habla simbólicamente. Por ejemplo, ¿te estás frotando la rodilla izquierda o la derecha?

E: La izquierda.

DEC: El lado izquierdo del cuerpo corresponde a la energía femenina, la de todas las mujeres de tu vida. Tu energía femenina incluye tu intuición, tu creatividad, así que está relacionado con tus lecturas espirituales: con tu intuición. Hablar de esto te ha alterado un poco, y eso también está relacionado con la intuición. ¿Qué quieres hacer con tu intuición?

E: Lecturas espirituales.

DEC: Y tu inconsciente te está diciendo que no necesitas más formación; al menos, esta es tu interpretación del consejo para tu vida consciente. Pero te sientes incómodo al respecto, frotarte la rodilla cuando hablas del tema es la forma que tiene tu cuerpo de comunicar que te has estado sintiendo intranquilo en lo que concierne a tu intuición.

Dejé que reflexionara sobre ello un momento. En breve volveríamos al tema de la respuesta corporal de inquietud. Por el momento, regresé al tema de los elementos del sueño.

DEC: ¿Qué es una tubería, en un aspecto muy básico?

E: Un conducto, un canal o un vehículo.

DEC: ¿Ves el simbolismo? Cuando haces tu trabajo de videncia, ¿qué estás haciendo? Estás sirviendo de tubería, de conducto, de canal de la información espiritual. Si unimos tu sueño y tu vida consciente, veremos la aplicación directa. Ahora volvamos a tu inquietud, porque es una aplicación más del sueño.

Hablemos de qué se está interponiendo en tu camino y qué te está frenando.

E: Me da miedo decirle a la gente a qué me dedico.

DEC: ¿Miedo? ¿Vergüenza? ¿Incomodidad?

E: Incomodidad. Me preocupa lo que pensará la gente.

DEC: Muy bien, apliquemos esta reacción más a fondo en tu vida. ¿Cuál es el primer número que te viene a la mente cuando dices que te sientes incómodo, que te da miedo decírselo a la gente?

E: Cero.

DEC: ¿Y qué representa el cero? ¿La cantidad más pequeña? ¿El origen? Por extensión, ¿quizás un bebé? Quizás el sueño te esté transmitiendo que lo único que te está frenando es tu temor al pasado: quizás lo sabes, quizás no. Al fin y al cabo, el cero se encuentra en el comienzo, como un bebé, no sabes o recuerdas nada. Pero no importa.

En este punto, lo animé a que se situara en el presente, inspirara y espirara profundo y se imaginara tratándose a sí mismo de la misma manera amable y solidaria en que trata a sus propios hijos; que le dijera a su niño interior que lo quiere, que lo apoya y que es extraordinario. Luego le pedí que volviera a su ser adulto, el que es capaz de reconocer el origen de su miedo e intranquilidad.

DEC: Te sientes intranquilo por tu trabajo, sobre el cual tu inconsciente te dice que ya lo has dominado lo suficiente: tanto tu trabajo de ingeniero como tu trabajo espiritual. Pero te sientes inquieto porque quieres dedicarte más a este trabajo. Esto te abre la puerta a que realices un cambio en tu vida consciente. Entonces, ¿de qué forma te está frenando tu sentimiento de incomodidad en tu trabajo espiritual? Comprender esto te ayudará a avanzar y a trabajar más en el campo espiritual.

E: Me da miedo que la gente diga que estoy loco, que no sirvo para hacer lecturas.

DEC: Muy bien. ¿Puedes ponerle un número a ese miedo?

E: Diez.

DEC: ¿Y qué sucedía en tu vida cuando tenías esa edad?

E: Mi madre y mi hermano estaban ingresados en un psiquiátrico por trastornos mentales.

DEC: Y tenías miedo de que a ti también te ingresaran. ¿Ves cómo ir analizando el sueño por niveles y aplicarlos a los distintos aspectos de tu vida resulta muy revelador? Te sientes más seguro en tu trabajo diario y espiritual, ya no necesitas demostrarte nada. Sin embargo, estás intranquilo porque no te permites realizar ese trabajo desarrollando todas tus facultades, porque tienes miedo de que las personas crean que estás loco o que no eres válido para trabajar con la intuición y las lecturas espirituales.

E: Ah, ya veo.

Luego pasamos a otro sueño que había tenido recientemente. Le pedí que lo recordara y que me hiciera un resumen de la trama. Me habló de un sueño en el que tenía que reiniciar algo en un equipo para asegurarse de su buen funcionamiento. Por la razón que fuera, al final no tuvo que darle al botón de *reset*. Parecía que el sueño lo confundía, y me dijo que no tenía ningún sentido para él. Le dije que eso era bastante habitual.

Entonces le indiqué que era la segunda vez esa semana que había hablado de un sueño que se situaba en el contexto de la maquinaria industrial, del trabajo, de la ingeniería. Eso me pareció importante, y le pedí que hablara un poco más del mismo.

DEC: ¿Cuál es el tema de este sueño?

E: Que las cosas en mi vida funcionarán sin tener que apretar el botón de *reset*.

DEC: ¿Y que significa *reset*? ¿De qué manera se relaciona el resetear una máquina con tu vida cotidiana?

E: Significa volver a empezar. Pero no necesito hacerlo.

DEC: ¿Qué es lo que no necesitas volver a empezar en tu vida? ¿Cómo relacionas esto con tu vida consciente?

Una vez más, E parecía confundido e inseguro, así que lo provoqué.

DEC: ¿Qué es lo que haces en tu vida cotidiana? Tu vida consciente incluye tu matrimonio, tu familia, tu trabajo, tus amigos, tus hijos. Veamos cada una de estas áreas sistemáticamente, como lo haría un ingeniero, para identificar cuál es ese aspecto en el que te preocupa tener que volver a empezar.

E: No creo que tenga que volver a empezar en el trabajo. Puedo seguir como estoy, porque el trabajo va bien.

DEC: Eso está muy bien; sin embargo, no se trata solo de eso. Recuerda que los sueños son multidimensionales, su significado tiene varias capas, una sobre otra. ¿Qué te está queriendo decir tu inconsciente respecto a otras áreas de tu vida? ¿Quién más había en el sueño, y dónde tenía lugar?

E: Estaba en mi trabajo. Había otras personas, ninguna conocida.

DEC: Esto es normal.

E: En cuanto a otras áreas de mi vida, creo que consideraría que este sueño, en general, es positivo.

DEC: No es una buena idea calificar un sueño de positivo o negativo. Pero cuéntame cuál crees que es el mensaje de este sueño.

E: Para mí significa que voy por buen camino.

DEC: Entonces, te parece que es alentador. Pero ¿si el sueño estuviera intentando que te dieras cuenta de algo, te estuviera transmitiendo información o haciendo una advertencia, lo considerarías negativo?

E: No, aunque sería incómodo.

DEC: Bien, sí, siempre es más agradable obtener una respuesta positiva. Vayamos más allá de la simple respuesta positiva. Aplica el mensaje a otras áreas de tu vida.

E: Bien. Creo que podría estar intentando decirme que me estoy resistiendo un poco más, de una forma positiva, a mi esposa. Sé que lo he hecho. Ha habido cosas que ella quería que hiciese y a veces he cedido y las he hecho. Aunque últimamente no cedo con tanta facilidad.

DEC: Eso es importante, porque ahí es donde te has encontrado con tu mayor resistencia, con tu mayor dificultad. Así que tu sueño no es solo sobre el trabajo. También es sobre tu vida personal, donde siempre te ha sido más difícil progresar. Cuéntame qué ha sucedido.

E: Mi mujer está molesta porque yo tenía pensado hacer unas cosas y no le he dado la oportunidad de discutir sobre el asunto. Simplemente, le he dicho que las iba a hacer y eso ha sido todo.

Le recordé que, cuando conectas un sueño con tu vida cotidiana, es muy útil ser específico e incluir detalles. Los detalles pueden ser reveladores. Así que le pedí que me contara más.

E: Simplemente, le dije que me iba y que volvería en un tiempo razonable. Sin importarme si le parecía bien o mal. Al fin y al cabo, ella va y viene, y hace lo que le place, y yo no le digo nada. Así que tomé la decisión de hacer lo mismo.

DEC: Sí, y eso es muy importante para ti.

E: Sí. Pero yo también la he respetado al decirle cuándo iba a regresar. Hice lo que quería hacer, porque ella hace lo mismo, y me he dado cuenta de que no está bien por su parte decirme que no haga algo, cuando ella hace siempre lo que quiere. Pese a eso, la he respetado.

DEC: Este tipo de interacción refleja una respuesta de adulto, a diferencia de la de pedir permiso, propia de un niño. En cuanto a tu vida consciente, el sueño te está diciendo que, por una parte, no es necesario que aprietes el *reset*, pero por otra, en un plano más profundo, también te está indicando que no es necesario que sigas repitiendo el mismo patrón. Concretamente, no has de seguir pidiendo permiso solo porque hasta ahora lo has estado haciendo, ni tampoco has de empezar todo de nuevo. Simplemente, puedes decidir cambiar tu respuesta a la situación y proceder desde el punto en el que te encuentras ahora. No tienes que volver atrás y resetear la maquinaria. No es necesario que repitas ese patrón en concreto, ni con tu esposa ni con nada que te la recuerde.

Le indiqué que la importancia de este sueño radicaba en que le estaba demostrando que el camino que había elegido era el bueno. Le estaba funcionando, estaba bien. No tenía que cambiar de trabajo, podía seguir como hasta ahora, no tenía que resetear la maquina. Esta pequeña imagen tuvo un gran valor para él cuando la aplicó a lo que estaba haciendo en su vida consciente. Entonces fue cuando empezó a darse cuenta de su importancia.

Después, empezamos a analizar qué relación tenía este sueño con el resto de su familia.

DEC: Tus hijos son muy importantes en tu vida; ¿puedes aplicarlo a ellos? ¿Qué está sucediendo en tu casa? ¿Ha habido cambios?

E: Principalmente, mis hijos se preocupan por mi salud y quieren que adelgace. Se enfadan muchísimo si como demasiado. Soy tremendo picando por las noches. Durante el día no como mucho, pero por la noche tengo la costumbre de comer muchas veces. Sinceramente, no veo qué relación puede tener este sueño con mi hijo y con mi hija.

DEC: A lo mejor no es más que un comentario respecto a que no necesitas cambiar la forma en que te relacionas con ellos. Vuestra relación es estrecha. ¿Qué pasa si lo aplicas a tus amigos?

E: No tengo problemas con ninguno de mis amigos.

DEC: Bien. Entonces, si pudieras cambiar el sueño, ¿qué cambiarías?

E: No cambiaría nada, porque lo veo como algo muy positivo, que me está indicando que siga con mi vida, porque las cosas irán cada vez mejor.

DEC: ¿Y cómo optimizarías lo que estás haciendo? Recuerda que la vida es cambio, acción, movimiento. En la vida no hay nada estático. ¿Qué crees que te aporta este sueño para mejorar tu vida? Si supones que un sueño o símbolo no te está enseñando nada, que todo está bien tal como está, te estás perdiendo algo que te podría ayudar a progresar en tu vida.

E: Bueno, creo que podría ser más abierto y comunicativo con mi esposa. Podría intentar entender lo que me quiere decir, antes de sacar mis propias conclusiones.

DEC: Sí, pero ¿cómo vas a hacerlo sin darle a ese botón de *reset*? Tu sueño está relacionado con tu situación laboral y personal. En realidad, está intentando que te des cuenta de que lo que haces en un contexto puede influir en que elijas otras cosas o tomes otras decisiones en el otro. Te está respaldando.

Le recordé que, unas veces, el inconsciente nos zarandea para que abramos los ojos, como lo hace en una pesadilla. Intenta despertarnos, literal y metafóricamente, y nos dice que hemos de prestar atención y realizar cambios. Y, otras, solo quiere decirnos que vamos bien y que sigamos con nuestro buen trabajo. No obstante, lo que realmente nos está diciendo, en cualquier caso, es que lo esencial para nosotros es que expresemos nuestro aspecto adulto, nuestro ser supremo: nuestras cualidades, nuestro juicio y nuestras decisiones. Luego le pregunté si recordaba sueños antiguos, de un año atrás, o incluso de treinta años.

E: Recuerdo un sueño que tuve hace años en el que estaba haciendo el amor con alguien, ni siquiera sé quién era ella.

DEC: Describe el sueño.

E: Estamos haciendo el amor, bueno, solo nos estamos besando, pero es muy agradable. Eso es lo único que recuerdo.

DEC: Aplícalo a lo que te está sucediendo ahora en la vida, en estos momentos. ¿Cuándo tuviste el sueño?

E: Probablemente fue cuando mi esposa y yo nos peleábamos mucho, cuando no hablábamos demasiado.

DEC: Entonces, es posible que estuviera reflejando la esperanza o el deseo de volver a tener una relación más amorosa. Te besabas con alguien en el sueño; estabas en íntima relación con otra persona; te sentías cómodo; te sentías a gusto con esa conexión. Recuerda que el soñador siempre sueña con el soñador. De modo que, cuando soñaste que hacías el amor con esa mujer, también estabas soñando con lo que te estaba sucediendo en tu vida consciente, en una etapa en que la relación con tu esposa no era demasiado buena. Y el deseo y el anhelo eran sobre estar con alguien del sexo femenino, con una mujer, de una manera afectuosa y en la que te sintieras respaldado. Estabas anhelando algo que te faltaba.

E: Sí, así es cómo lo interpreté cuando tuve el sueño. Lo cierto es que en el sueño parecía muy real.

DEC: Sí, y, precisamente porque te sentías tan bien, probablemente querías volver atrás y revivirlo. Hablemos de ello. ¿Qué haces en este sueño que ya haces o que no haces en tu estado de vigilia? Estás besando, estás demostrando tu afecto con tu boca, que también representa el habla.

E: Y hablar —comunicar— es algo que en aquel entonces no se me daba muy bien.

DEC: Ahí está. El sueño te estaba diciendo que, si en tu vida consciente aprendías a comunicarte mejor, te sería más fácil conectar con una mujer. No era solo una fantasía. Tu inconsciente te estaba ofreciendo un consejo. Te estaba diciendo que si te abrías más —con tu boca, tus palabras, tu afecto—, obtendrías una respuesta más positiva en tu vida. ¿Qué necesitas para lograrlo? Descríbelo.

E: Si quiero más afecto en mi vida, he de comunicarme con mi esposa con más afecto, en lugar de lanzarnos acusaciones, pelearnos o cualquier otra cosa.

DEC: Muy bien, ahora volvamos al presente, porque el sueño del pasado que acabas de recordar es pertinente, porque ha sido tu inconsciente el que lo ha sacado a la luz.

E: ¿Mi inconsciente?

Le expliqué que su inconsciente lo estaba incitando a que se fijara en este sueño en el contexto de su vida actual. Ambos sueños estaban directamente relacionados. Uno le estaba diciendo que tenía que ser más asertivo y hablar en su propio nombre, y el otro le decía que fuera más agradable y afectuoso. Si hacía las dos cosas, obtendría mejores resultados. Luego le pedí que fuera más específico.

DEC: ¿Qué puedes hacer en tu vida consciente para aplicar los consejos que te dan estos sueños?

E: Tengo que ser más meticuloso y hablar por mí mismo, pero he de hacerlo con amabilidad y afecto. Y he de demostrarle más a menudo a mi esposa que me preocupo por ella.

DEC: Bien. Ahora sé específico. Desglósalo.

E: He de recordarme a diario que he de decirle una o dos cosas agradables.

DEC: Sí. Has de condicionarte a tener buenos hábitos emocionales, y también físicos. Del mismo modo que has aprendido a cepillarte los dientes cada día, también has de prestar atención a tu higiene emocional a diario. Una forma de conseguir esto es conectar la acción a una hora del día en que estés en casa haciendo algo habitual, o cuando regresas a casa del trabajo. Esto puede ayudarte a recordar que hagas lo que tienes que hacer.

E: De camino a casa cada día es un buen momento para pensar en ello y recordar que he de decirle algo agradable. Y puedo darle un beso en la mejilla.

DEC: Fantástico. ¿Empiezas a ver la importancia de estos sueños? ¿Ves la conexión?

E: Sí, sí.

Cuando aplicó la calidez, el sentimiento positivo, del sueño que había recordado a su vida actual se dio cuenta de que había elegido a su esposa como pareja, y que había decidido permanecer con ella. El sueño, simplemente, le estaba diciendo que volviera a crear afecto en su relación. A continuación, le pedí que me hablara de su infancia.

DEC: No tuviste afecto en tu infancia, ¿verdad?

E: No.

DEC: ¡Qué maravillosa expresión de crecimiento personal que ahora estés empezando a crearlo en tu vida, aunque no lo hubieras tenido de pequeño! ¿Ves ahora la importancia de aplicar los sueños?

E: Su valor consiste en que los sueños destacan las partes de tu vida en las que lo estás haciendo bien —y te dicen por qué— y también te muestran aquellos aspectos que has de trabajar (y te dicen cómo). De modo que, para mí, lo estoy haciendo bien intentando ser más comunicativo en el trabajo y en casa, y ahora he de aprender a ser más afectuoso y a expresar más mis sentimientos, lo cual no hago.

DEC: No, *todavía* no lo has hecho. Si dices que no haces algo, sigues con la energía del tema que tu sueño está intentado señalarte para que la corrijas. Tus dos sueños te están diciendo que has hecho cambios maravillosos y que ha llegado el momento de que «conectes desde la boca». Por eso has recordado el sueño del beso. De entre todos los sueños que has tenido, ese es el que has recordado, rememorando lo fantástico que era ser amoroso con esa mujer. Además, tu inconsciente te está diciendo que eres capaz de comunicarte no solo con la mujer que está en el exterior, sino también con la energía femenina que hay en tu interior. En el momento de tu vida en que tuviste este sueño habías empezado a abrirte significativamente: a tu inconsciente, a tus vidas pasadas, a conseguir cosas y a comunicarte con tu ser supremo. Todo esto es la energía femenina, no la masculina, ni la del ingeniero. Es la energía del sanador, del intuitivo, del que sabe comunicarse plenamente a otros niveles.

Procura aplicar siempre tus sueños a todos los aspectos importantes de tu vida, en distintas capas y situaciones diferentes. Vives en tu casa, en tu trabajo, en tu matrimonio, con tus hijos, con tu familia, con tus amigos. Por consiguiente, has de poner en práctica los mensajes que te transmiten tus sueños en todos estos aspectos tan importantes de tu vida. Si hoy recuerdas un sueño de hace años es porque es pertinente, ya que en el inconsciente no existe el tiempo. Lo que sucedió hace veinte años es tan actual hoy como lo fue para lo que te sucedió hace veinte años.

Imagina el inconsciente como si fuera un gran estadio. En un estadio, todo está al aire libre. Podemos ver todo lo que está sucediendo. Y si tenemos prismáticos que aumentan nuestra visión o auriculares que amplifican lo que oímos, podremos ver y oír mejor todo lo que está sucediendo a la vez: el pasado, el presente y el futuro. Esto se debe a que no es secuencial, a que todo está allí fuera *ahora*. Cuando recuerdas un sueño que tuviste hace veinte años, tu inconsciente te está diciendo que has de reflexionar sobre ese sueño, porque está aportando otra capa de sentido a tu vida actual.

* * * * * * * * * * * * * * *

Resumiendo...

1. Trabajar con los símbolos de un sueño del pasado te muestra cómo se relaciona con las situaciones que tenías en tu vida en aquellos momentos.

2. Aplicar la combinación de mensajes y los consejos de los múltiples sueños te ayuda a mejorar tu presente en tu vida cotidiana.

3. En el inconsciente no existe el tiempo, así que los sueños del pasado son tan importantes como lo eran cuando los tuviste.

4. Cuando tu inconsciente te recuerda un sueño del pasado, es porque tiene alguna relación con tus sueños y situaciones del presente en tu vida consciente.

Parte IV

Interpreta
tus propios sueños

16

Empieza

En esta sección trabajaremos con tus sueños. Si estás deseando empezar, pero todavía no has recordado o anotado ningún sueño, puedes seguir los pasos para inventar un escenario, como vimos en el capítulo 13 y ampliamos en el capítulo 17.

Las preguntas y los consejos que expongo aquí solo son una propuesta para empezar. No son deberes, ni tampoco un programa que tengas que seguir. El secreto se encuentra en simplificar las cosas, así que no te sientas obligado a responder a todas las preguntas o a llegar a todas las capas de un sueño. Si el proceso se complica, no te implicarás en el mismo. Estos consejos son para animarte a que empieces, para darte un empujoncito. A medida que vayas trabajando con tus sueños, los siete pasos te irán pareciendo cada vez más fáciles. Al final casi no te supondrán esfuerzo, serán instintivos.

Al principio, fíjate una meta que puedas alcanzar. Te recomiendo que empieces trabajando tres sueños a la semana. Fíjate una meta, escríbela y repásala a medida que vas trabajando. Las metas te sirven para comprobar tus progresos. De lo contrario, aunque a corto plazo consigas sentirte mejor, no tendrás las herramientas que necesitas para realizar cambios importantes en tu vida, y tu trabajo no será duradero. Para conseguir algo que valga la pena, has de hacer tu trabajo.

Hay cuatro elementos clave a recordar a medida que vas avanzando en los siete pasos:

* El soñador siempre sueña consigo mismo, así que tus sueños siempre son sobre *ti*.
* Los sueños, igual que los diarios, narran y comentan los acontecimientos actuales de tu vida cotidiana.
* No des demasiadas vueltas a tus reacciones, acepta lo primero que te venga a la cabeza.
* Ten paciencia, la destreza se adquiere con la práctica.

Para trabajar con los siete pasos tienes la opción de utilizar la plantilla de trabajo que incluyo al final de este capítulo, donde podrás anotar tus reacciones y respuestas. También puedes usar hojas de papel en blanco para apuntar tus pensamientos.

En primer lugar, anota un resumen del sueño. Puede ser un sueño reciente o del pasado. Recuerda que los sueños del pasado que recuerdas en el presente, por muy antiguos que sean, tienen alguna relación importante en tu vida consciente actual, y por eso tu inconsciente los ha sacado a la luz.

Pon título a tu sueño, el primero que se te ocurra. Vuelve a leer en voz alta lo que has escrito, muy despacio. Luego, responde rápido: ¿qué es lo que más te preocupa en estos momentos de tu vida? Si estás trabajando con un sueño antiguo, piensa en qué te estaba sucediendo en aquellos momentos.

Si no se te ocurre nada respecto a tu situación actual, procura responder a las siguientes preguntas. Usa el contexto del momento en que tuviste el sueño si estás usando un sueño antiguo.

* ¿Cuál era o es tu situación en el entorno laboral? ¿Has asumido alguna responsabilidad o proyecto nuevo? ¿Te gusta tu trabajo y la gente con la que trabajas? ¿Sientes que tienes bastante tiempo para los aspectos no laborales de tu vida?

* ¿Cómo estaban o están las cosas en tus relaciones personales más importantes? Incluye a la familia —hijos, hijas, pareja, padre y madre, hermanos y hermanas, otras relaciones—, los amigos, los conocidos, los compañeros de profesión y las mascotas.

* ¿Cómo valorabas o valoras tu situación en los aspectos económico, de salud física, salud emocional, vida social y sexual?

* Si hubieras tenido o tuvieras el pleno control sobre tu vida, ¿hubieras hecho o harías algunos cambios? Si es así, ¿cuáles?

* ¿Han tenido lugar recientemente algunos cambios importantes o prevés que puedan producirse en un futuro inmediato?

Enumera a continuación los objetos, los personajes y los escenarios del sueño. Si es un sueño corto, puedes citarlos todos. Si es un sueño muy detallado o, simplemente, no tienes mucho tiempo, anota los detalles que más te llamen la atención. Puede tratarse de detalles que recuerdas con toda claridad, o los que te parezcan más extravagantes. Por ejemplo, si has soñado que estabas en tu casa, que había un gran cuadro colgado de una pared, y en tu casa real no lo tienes, esto podría ser un punto de partida.

Ahora describe cada objeto o elemento como si estuvieras hablando con un marciano. Desarrolla lo evidente: primero, describe las cosas literalmente, y después ten en cuenta qué otros significados podrías adjudicarle. Algunos ejemplos:

* Una rosa es una flor, la parte superior de colores intensos y fragante de una planta. También es un símbolo de amor, concretamente, de amor romántico. Las personas envían ramos de rosas a sus seres amados, en señal de afecto.

✳ Un gato es un animal de tamaño pequeño que muchas personas tienen en su casa como mascota. También es un símbolo de misterio y de astucia. Tradicionalmente se ha relacionado a los gatos con lo Divino y con la energía femenina.

✳ Un bebé es un ser humano que acaba de nacer. Está indefenso y depende por completo de los demás para sobrevivir. Se considera que un recién nacido es inocente y suele aportar felicidad a las personas, su llegada suele ser motivo de celebración.

✳ Comer implica ingerir alimentos que nutren el cuerpo y que aportan energía. Puede ser una experiencia agradable o desagradable. Comer es una de las tareas universales de los seres humanos y es necesario para la supervivencia. Comemos para llenar nuestro estómago.

Resume el mensaje del sueño que te está enviando tu inconsciente. Una buena forma de hacerlo es relatar el sueño como un cuento para niños o una parábola. Si tu sueño fuera un cuento, ¿cuál sería su moraleja? Recuerda: no le des muchas vueltas. Si has seguido los pasos, probablemente ya intuyas cuál es el posible mensaje de tu inconsciente. No lo analices, solo anótalo en tu plantilla o papel.

Reflexiona sobre el consejo del sueño para aplicarlo a tu vida consciente. Revisa tus notas y observa si el sueño te ha ofrecido algún consejo para resolver tus principales preocupaciones. Sin embargo, recuerda que, puesto que algunos sueños pretenden más llamar tu atención sobre algo que resolverlo, de ti depende determinar qué puedes hacer para responder al mensaje de tu inconsciente. Sea como fuere, empieza anotando lo que crees que te está indicando que hagas tu sueño.

Reflexiona sobre estos consejos y enumera algunos pasos específicos para materializar tus fines. Es decir, si tu sueño te está orientando hacia que expreses más tu afecto, cita uno o dos pasos que te ayuden a conseguirlo. No tiene que ser una carga, basta con que te concentres en los pasos sencillos que te ayudan a cumplir tus metas y a asegurarte de que las puedes lograr fácilmente. Si tu sueño te está advirtiendo de que no comes bien y que eso puede perjudicar tu salud, comprométete a comer al menos una fruta al día. Con el tiempo, las conductas que practicas se convierten en hábitos. A medida que vayas progresando, podrás plantearte mayores retos. Pero, al principio, concéntrate en lo más sencillo y fácil de conseguir, y los resultados te motivarán a seguir progresando. Revisa tus notas periódicamente para ver si estás al día.

Recuerda que no es necesario que uses la plantilla que incluyo aquí para seguir los pasos, pero te ayudará mientras los estás aprendiendo. Haz lo que sea más práctico para ti en tu vida consciente, a fin de que facilite tu continuidad en el proceso.

* * * * * * * * * * * * * *

Resumiendo...

1. Sé espontáneo, no le des vueltas, observa y acepta.
2. Anota un resumen de tu sueño y ponle título.
3. Relaciona tu sueño con lo que es más importante para ti en estos momentos de tu vida.
4. Enumera los objetos, los personajes y los escenarios de tu sueño.
5. Resume el mensaje del sueño.
6. Reflexiona sobre la importancia del mensaje de tu sueño en tu vida consciente.
7. Enumera los pasos específicos que puedes dar para seguir los consejos que te transmite tu sueño.
8. Ten paciencia y persevera, la destreza se adquiere con la práctica.

Plantilla

Meta:

_____

_____

_____

Resumen:

_____

_____

_____

Título:

_____

_____

_____

Importancia en tu vida:

_____

_____

_____

Objetos / personajes / escenarios del sueño:

_____

_____

_____

Resumen del sueño:

_____

_____

_____

Consejos del sueño:

_____

_____

_____

Pasos a dar para cumplir los objetivos:

_____

_____

_____

17

Crea escenarios para tus sueños

Cuando practiques tu ritual nocturno en el que afirmas que recordarás y anotarás los sueños, y el ritual matinal de anotar rápidamente lo que recuerdas de ellos, tendrás más sueños y detalles con los que trabajar. Sin embargo, mientras tanto, o en los periodos en que estás intentando recordar los sueños, puedes inventarte alguno para seguir con tu trabajo. Los pasos que vienen a continuación te ayudarán a crear un escenario para tu sueño, que será tan revelador como si lo hubieras experimentado soñando.

Existen tres elementos clave a tener en cuenta a medida que creas tus escenarios:

* Elige un escenario que esté relacionado con lo que más te preocupa a día de hoy.
* No le des vueltas: el sueño no tiene que «tener sentido» según tu hemisferio izquierdo.
* Déjate guiar por la imaginación para cruzar el puente entre tus mentes consciente e inconsciente.

Recuerda que puedes usar la plantilla del capítulo 16 o una hoja de papel para anotar tu sueño imaginario. Lo que importa es que seas sistemático en tu forma de inventar el escenario del sueño y meticuloso en tu forma de apuntarlo.

En primer lugar, piensa en qué está pasando actualmente en tu vida, qué es lo que más acapara tu atención. Anota algunos de los detalles en tu plantilla u hoja, y luego elige un escenario basándote en esas situaciones. Por ejemplo, si has escrito que te preocupa la salud de tu pareja, empieza el sueño imaginando que la llevas al médico. Habla en voz alta o anota el relato del sueño con pocas palabras, con las mínimas correcciones posibles. No intentes razonarlo. No juzgues. Pon lo primero que se te pase por la cabeza. Luego, da rienda suelta a tu imaginación.

Aquí no valen las reglas cotidianas del mundo lógico del hemisferio izquierdo. Quizás estás conduciendo y de pronto, al minuto siguiente, estás volando; a lo mejor te parece que puedes correr muy rápido o que apenas puedas moverte; puede que estés haciendo el amor con alguien que no conoces, aunque fueras incapaz de hacer eso en la vida real. Cuando creas un sueño de este tipo, sacas algo del universo lógico de tu hemisferio izquierdo e imaginas qué podría suceder si los hechos se desarrollaran en el universo simbólico del hemisferio derecho. Cruzas el puente que separa tu hemisferio derecho del izquierdo. Para adquirir destreza en cruzar el puente, has de practicar cruzarlo en ambas direcciones muchas veces.

Decide en qué punto quieres poner fin a tu sueño. ¿Cuándo quieres despertarte? ¿Te encuentras en una situación placentera o desagradable? ¿Te estás divirtiendo, te sientes amenazado, reconfortado o atemorizado? Tener en cuenta dónde estás y cómo te sientes ahora al despertarte o, en este caso, al terminar tu relato, te ayudará a entender el sueño.

Con tu sueño inventado procede con los siete pasos del análisis de los sueños. Si te hace falta un poco de ayuda para empezar, prueba a hacer este ejercicio abreviado. Responde rápidamente a estas preguntas sobre un sueño hipotético en el que estás teniendo relaciones sexuales con alguien de tu pasado:

* ¿Quién es?
* ¿Qué representaba para ti esa persona en aquel momento de tu vida?
* ¿Qué es lo más importante en tu vida en estos momentos?
* ¿Qué te está diciendo tu inconsciente? ¿Con qué cualidades te está sugiriendo que necesitas una experiencia íntima?

Si sigues sin autocorregirte, instintivamente, los pocos detalles y palabras que añadas al escenario serán un perfecto reflejo de los temas y los asuntos que te afectan en tu vida diaria y de las recomendaciones que proceden de tu inconsciente, porque lo primero que se te ocurre siempre viene del inconsciente. Si responses antes de pensar —antes de involucrar a tu hemisferio izquierdo—, es fácil que te sorprendas al ver los detalles o las palabras que eliges para describir algo. Siempre y cuando procedas sin pararte a pensar, tus descripciones serán muy reveladoras.

Con esta técnica empiezas en el mundo consciente con un tema específico y creas un «sueño» a través del cual llegas a tu inconsciente estando despierto. Cuando has completado el sueño, vuelves al mundo consciente con un mensaje de tu inconsciente. Sea cual sea ese mensaje, contendrá reflexiones e informaciones increíbles respecto a lo que debes hacer con tus problemas en tu vida consciente. Cuando pongas en práctica esos consejos, podrás empezar a manifestar los cambios que deseas hacer como persona, en tu vida y en el mundo en el que vives.

* * * * * * * * * * * * * * *

Resumiendo...

1. Elige un escenario que esté relacionado con lo que sea más importante en tu vida actual.
2. Anota algunos detalles del escenario en la plantilla o en una hoja de papel utilizando las mínimas palabras posibles.
3. No le des vueltas a tu relato o intentes corregirlo.
4. Da rienda suelta a tu imaginación y cruza el puente que va desde la mente consciente hasta la inconsciente.
5. Aplica los siete pasos del análisis de los sueños a tu sueño imaginario.

18

Vuelve a entrar en tus sueños

A medida que vayas progresando en tu trabajo con los sueños, es posible que sientas que has de volver a reexperimentar o cambiar algún sueño en particular. Sin embargo, la técnica de volver a entrar en un sueño y cambiarlo solo es útil cuando tienes muy claro lo que tu inconsciente ha estado intentado decirte. Si alteras un sueño antes de haber recibido su verdadero mensaje, este seguirá llamando a tu puerta, cada vez más fuerte. Por consiguiente, antes de hacerlo, asegúrate de que has tenido en cuenta las siguientes preguntas:

* ¿Cómo se relaciona el sueño con hechos actuales, con el día de hoy y con este mismo momento?
* ¿Cómo te sientes en tu mundo consciente, en tu vida cotidiana?
* ¿Qué ves y qué es realmente lo que más te preocupa cuando estás despierto?

Recuerda pensar como el redactor de un periódico. Los titulares solo hablan de los temas más importantes del día. Los editoriales ofrecen comparaciones —cómo se diferencia lo que está ocurriendo hoy de lo que ocurrió en el pasado— y dan recomendaciones. Cuando hayas trabajado con tu sueño, entendido su mensaje y puesto en práctica lo que te está diciendo, podrás hacer los cambios que te plazca.

En primer lugar, elige un sueño que desees cambiar o transformar y procura entrar en un pequeño estado de trance. Para inducir este estado, haz tres respiraciones profundas inspirando por la nariz, retén la respiración cuatro segundos y espira por la boca. La espiración tiene que ser más larga que la inspiración. Cuando saques el aire, no cierres los labios como si estuvieras empujando el aire para su expulsión. Simplemente, relaja la barbilla y espira, haciendo el sonido «ahhh».

Entra en el sueño con todos tus sentidos activos. Observa con tus ojos qué está sucediendo, qué colores ves. ¿Es un sueño en blanco y negro? ¿Es un escenario luminoso, u oscuro? Usa tu nariz y descubre si percibes algún olor en el sueño. ¿Pasas por delante de una panadería y hueles a pan? Con tus oídos, escucha los sonidos. ¿Qué oyes? ¿Se ha dicho algo? ¿Qué sonidos estás haciendo tú u otra persona? ¿Hay algún sonido cercano? ¿Hay silencio absoluto?

Sé consciente de los personajes del sueño y de sus acciones. Observa cuáles son tus sentimientos al responder a esas acciones. Empieza a dialogar con cada uno de ellos. Pregúntale a cada uno por qué está allí y qué es lo que quiere decirte. Diles lo que tengas que decirles para transformar el sueño.

Por último, transforma y reescribe el sueño como gustes. Deja volar tu imaginación y reescribe el sueño con lo primero que se te ocurra, de la forma que quieres que sea.

* * * * * * * * * * * * * * *

Resumiendo...

1. Elige el sueño que quieres transformar. Tiene que ser un sueño cuyo mensaje ya hayas entendido.
2. Entra en un ligero estado de trance haciendo tres respiraciones profundas.
3. Entra en el sueño con todos tus sentidos activados: ojos, oídos, nariz.
4. Dialoga con cada personaje del sueño y dile cómo quieres cambiar el sueño.
5. Vuelve a escribir el sueño según te indique tu imaginación.

CONCLUSIÓN:
EL PODER DE LA ELECCIÓN

C uando empecé a escribir me sentía una inepta en este campo. Tuve que grabar en audio todo el contenido de mi primer libro, *Repetition: Past Lives, Life and Rebirth* [Repetición: vidas pasadas, vida y renacimiento], editado por Hay House en 2008, porque para mí escribir ese libro tenía que ser una experiencia interactiva. Tenía que hablar de mis ideas con un ser vivo que pudiera responder y plantearme cosas, que me motivara a ser más clara y directa, que me empujara hacia mi meta. En esa etapa en que dudaba de mis habilidades, tuve un sueño cuyo mensaje me reafirmó que, aunque me sintiera inexperta en este tema, mi trabajo era valioso e importante. Estoy muy agradecida por haber recibido ese mensaje, porque para mí es importante compartir esta información con el mayor número de personas posible, para que descubran la riqueza de posibilidades que ofrece el inconsciente.

A pesar de que sentí el impulso de escribir este libro, ejercí el libre albedrío al ponerme manos a la obra pese a las dificultades que sabía que tendría que afrontar. Ejercemos nuestro libre albedrío consciente e inconscientemente, y por eso es tan importante aprender el lenguaje simbólico del inconsciente a través del trabajo con los sueños. Por desgracia, muchas veces renunciamos a esa libertad de elección, depositando nuestra confianza en la suerte, el destino o la irresistible influencia del pasado. Echamos la culpa a nuestros padres y a los acontecimientos o circunstancias que parecen estar fuera de nuestro control para justificar el camino que hemos tomado. Pero lo cierto es que el rumbo de nuestras vidas lo marcan nuestras decisiones y, tanto si ejercemos nuestra libertad consciente como inconscientemente, hemos de aceptarla y asumirla. Cuando no lo hacemos, ampliamos nuestra confusión e infelicidad.

Shakespeare, en *Como gustéis*, dice que la vida es una obra teatral y que todos los seres humanos no son más que actores sobre el escenario. Sin embargo, lo que él no tiene en cuenta es que eres el director, el productor, el autor y el protagonista de esa obra. Todo es *tu* historia. Si te sientas entre el público y no reivindicas tu historia como propia, no tendrás ningún poder sobre la misma si esta se decanta por unos derroteros que no te agradan.

En realidad, pasan cosas terribles. Pero si ejerces tu libre albedrío siempre podrás hacer algo al respecto. Yo prefiero canalizar mi energía no en prepararme para lo peor —como, por ejemplo, almacenar latas de comida y sacos de arroz en algún refugio radioactivo—, sino en rezar para que se produzca un cambio. Después del derrame de crudo en el Golfo de México, no di por hecho que aquella zona sería irrecuperable. Me dediqué a orar para que el Golfo se recuperara, para que volviera el azul de sus aguas, el oxígeno y los peces. Eso es lo que deseo, porque creo que todo lo que existe en el mundo de Dios es una vía de doble sentido: todo tiende hacia el equilibrio. Si te vuelves loco, también puedes recobrar la cordura. Si te engordas, puedes adelgazar. Si enfermas, puedes curarte. Todo tiene el potencial del cambio. Por eso es tan importante aceptar tus pesadillas, de la misma manera que aceptas tus sueños más agradables. Procura pensar en las pesadillas como una prueba de que tu cuerpo te ama tanto que te envía sacudidas para despertarte. Si no eres consciente de tus propios miedos y obstáculos, no podrás hacer nada para controlarlos y seguirás viviendo con miedo.

Vivir con miedo es justo lo contrario a gozar de una vida saludable y a lo que lo Divino desea para nosotros. Cuando andamos con miedo, nos limitamos y nos «estreñimos» en todos los sentidos. Abrirnos a la alegría y hallar la belleza en los más pequeños detalles y en la majestuosidad de la naturaleza nos facilita aceptar y abrazar el amor divino. Además, estos recordatorios nos sirven para restaurar el equilibrio del que hablo tantas veces. La paz, la alegría y la belleza nos *ayudarán* a equilibrar el estrés, la rapidez y la naturaleza frenética de nuestra típica vida consciente.

El inconsciente, el mundo de los sueños, abarca el 95 % de nuestra consciencia. No solo eso, sino que en el inconsciente no existe el tiempo o el espacio. Por consiguiente, en un sueño podemos estar en un lugar o en 10.000 lugares al mismo tiempo. En nuestro cuerpo físico solo podemos estar en un sitio a la vez. Podemos proyectar nuestra voz o grabarla para enviarla a algún otro lugar, pero solo podemos estar físicamente en un sitio mientras habitamos en ese ínfimo 5 % de nuestra realidad que es la vida consciente.

En el inconsciente, el tiempo desaparece. No hay diferencia entre el pasado, el presente o el futuro. Esta es la razón por la que, aunque creo en las proyecciones, no creo en las predicciones. Una proyección implica que algo *puede* suceder; quizás en un mes, quizás en diez meses o quizás nunca. El inconsciente hace afirmaciones desde la atemporalidad; por lo tanto, intentar imponer a sus mensajes una línea del tiempo exacta no es ni relevante ni útil. Una proyección sugiere una *posibilidad*, no es una afirmación de lo que *será*. Estas afirmaciones son distorsiones de una parte mucho más compleja e importante de nuestra relación como almas de una realidad mucho mayor.

Si estás atento, quizás tus sueños te indiquen que, en los siguientes meses, a lo mejor se te presenta la oportunidad de conocer a alguien importante para ti. Entonces es tu responsabilidad aprovechar esa posibilidad. La proyección puede suceder o no, eso dependerá de las decisiones que tomes. Si no haces nada, es muy improbable que se materialice esa posibilidad. Por consiguiente, el inconsciente no limita, sino que refuerza uno de los dones básicos y más profundos de Dios: el libre albedrío.

Los sueños, en realidad, se basan en ejercer ese libre albedrío y en hacer los cambios en el mundo consciente. El inconsciente determina la gran mayoría de tu conducta, y cuando logras que el inconsciente tome consciencia estás creando un puente. Solemos estar atentos a las pesadillas porque captan nuestra atención, son intensas y memorables. Sin embargo, todos los sueños nos transmiten mensajes. Nuestro hemisferio izquierdo está conectado con el derecho, nuestro consciente está conectado con nuestro inconsciente. Sin embargo, no le damos importancia. Nuestros sueños nos parecen extravagantes porque los interpretamos como si nos estuvieran hablando con el lenguaje del mundo consciente. Si has crecido hablando inglés y estás en un lugar donde la gente habla chino, no entenderás nada aunque en realidad sea un lenguaje tan rico y completo como el tuyo. Simplemente, no lo conoces ni lo entiendes.

Con los sueños pasa lo mismo. Cuando abandonamos la idea de que nuestros sueños son una locura, eliminamos los juicios. Si tienes sueños perturbadores, tanto si son recurrentes como si no, eso no implica que seas un neurótico o un psicótico. No te pasa nada raro. Es probable que estés repitiendo patrones en tu vida diaria que ya no te sirven, y que tu inconsciente te esté ofreciendo su guía para ayudarte a dejarlos atrás.

Todo el mundo sueña. Sin embargo, nuestros sueños son muy personales: un reflejo único de nuestra identidad. Algunas personas dicen que hemos de suprimir esta identidad del ego, pero yo creo que sería una separación artificial e innecesaria. Puede que a algunos practicantes espirituales ese concepto les vaya bien y sea importante para ellos, pero la mayoría no podemos pasarnos el día meditando en la seguridad de un *ashram*, donde se nos proporciona comida y tenemos cubiertas nuestras necesidades. La mayoría estamos en el mundo donde vivimos nuestra vida. Hemos de conocer al ego, en lugar de convertirlo en nuestro enemigo. Hemos de tener un sentido de identidad. De lo contrario, entraremos en el mundo del inconsciente sin estar vinculados a nada, desconectados de todo. Así es como solemos sentirnos respecto al mundo de los sueños.

Recuerda la analogía del estadio. Cuando entras puede que al principio no sepas dónde está tu asiento. Que ni siquiera sepas qué partido se va a jugar. Es totalmente abrumador. Lo más importante al moverte por ese espacio es conocerte a ti mismo, y eso es imposible si no reconoces tu propio ego: tu identidad en el mundo consciente. ¿Cómo puedes sobrevivir en la vida real si no sabes quién eres?

Este trabajo radica en aprender a entrar en tu inconsciente: con conexiones y sin ellas. Cuando entras en un estadio con entrada estás ligado a una sección, a una fila, a un asiento. Tienes una estructura, unas directrices, unos puntos de referencia del hemisferio izquierdo que son lógicos y secuenciales. Todo esto te facilitará la entrada en el estadio, es decir, te ayudará a cruzar el puente hacia el inconsciente, te garantizará que al menos tendrás alguna idea de hacia dónde te diriges. Te sentirás más seguro y podrás orientarte. Y esto es importante, porque todos necesitamos tener un rumbo, cierto grado de previsibilidad. Una vez sentado, puedes empezar a observar todo lo que te rodea y a acceder a la riqueza que te aportan tus sueños. Estás en el proceso de conseguir que el 95 % de tu inconsciente sea accesible al 5 % de tu consciente.

Siempre es difícil aprender una técnica nueva. Pero recuerda que el trabajo con los sueños se puede hacer en un par de minutos, durante el día, en los momentos que te vayan bien. Haz que sea rápido y fácil para que no se convierta en una tarea pesada con la que no serás capaz de comprometerte durante mucho tiempo. El proceso es simple y directo; tendrás que ir a la esencia del mensaje de tus sueños con rapidez y eficacia, y de este modo podrás empezar a cambiar los patrones destructivos de tu vida. Cuando accedes a tu inconsciente y empiezas a comunicarte con el lenguaje de los símbolos, también has de asegurarte de que puedes volver a cruzar el puente de regreso a tu mundo consciente. Al fin y al cabo, vives en el mundo consciente, y el valor de trabajar con el inconsciente es que te permita regresar a tu vida diaria y realizar mejor tus responsabilidades cotidianas. Cruzar el puente de la existencia consciente a la inconsciente y regresar a la primera enriquecerá tu vida. Al enriquecer tu vida, también enriqueces a la humanidad.

Cuando aprendes a cruzar fácilmente el puente entre lo consciente y lo inconsciente, disfrutas de una maravillosa libertad. Una vez seas capaz de hacer esto, podrás entrar en el inconsciente —el lugar donde no existen límites— cuando desees. Eres libre para realizar una amplia gama de viajes increíbles y volver al aquí y ahora para proseguir con tu vida en estado de vigilia. Lo mejor de todo es que tus recuerdos del viaje serán más iluminación, más fascinación, más deleite y, lo más importante, los consejos esenciales que te pueden aportar tus sueños.

La mejor forma de empezar es planteándote expectativas sencillas y directas. Empieza con uno o dos sueños a la semana. Con el tiempo, prueba con tres. Lo que te motivará a proseguir y a trabajar con más sueños serán la rapidez y la claridad con la que podrás entender mucho mejor tu propia vida. Esa es la finalidad de este trabajo. Y podrás alcanzarla fácilmente si le dedicas esos minutos. Las pesadillas y los sueños recurrentes serán los más destacados y los que más te incitarán a hacer el trabajo, así que, si ya recuerdas algunos que te han venido sucediendo durante algún tiempo, puedes empezar con ellos. No importa cuál sea tu punto de partida, pero empieza.

Todo el trabajo que realizamos con los sueños implica entrar en el inconsciente, donde la comunicación se produce con el lenguaje de los símbolos, las imágenes y la creatividad. Este lenguaje constituye el 95 % de nuestra conducta. Cuando empezamos a conectar un sueño con otro —durante varias semanas o incluso años—, seguramente descubriremos que nuestros sueños repiten los mismos temas una y otra vez. Si este es tu caso, significa que estás intentando sanar temas y asuntos que todavía no has logrado afrontar correctamente. Los sueños y el inconsciente pueden ayudarnos a afrontar esos temas y a tomar decisiones importantes respecto a nosotros mismos y nuestra vida. Es una verdadera lástima que desaproveches este gran recurso.

Una de las razones por la que los libros de *Harry Potter* son tan populares es porque tienen lugar en una escuela. En cierto modo, estos libros nos enseñan que la magia es algo que podemos estudiar, practicar y aprender por nosotros mismos. Lo mismo sucede con el trabajo con los sueños. Si al principio no entiendes enseguida los mensajes de tus sueños —si no los ves totalmente claros—, recuerda que puedes tardar meses, a veces años, en adquirir fluidez en el lenguaje de los símbolos. Ten paciencia contigo mismo, confía en mí y llegarás a conseguirlo. No es necesario que aprendas a interpretar los significados de las letras hebreas ni que sepas astrología, tarot, guiar, numerología o cualquier otra práctica que se base en los símbolos. Basta con que domines el lenguaje del inconsciente. Este simbolismo no es exclusiva de espiritualistas y especialistas, sino algo que está totalmente a tu alcance.

Esto es lo que espero haberte enseñado a través de este libro. Aprende el lenguaje y el misterio del inconsciente y aplícalo en tu vida. Incluye el inconsciente, el mundo de los sueños, en tu vida cotidiana y los acontecimientos que forman parte de la misma se te irán revelando como las increíbles bendiciones que en realidad son. Dios siempre se está comunicando con nosotros en sueños y en estado de vigilia, cuando estamos con otras personas y cuando estamos solos. Solo hemos de despertar y escuchar.

SOBRE LA AUTORA

Doris E. Cohen, psicóloga y psicoterapeuta clínica, ha ejercido en su consulta privada durante más de treinta años y ha tratado a miles de pacientes. Entre sus métodos de trabajo se encuentran la terapia, la hipnoterapia, las regresiones a vidas pasadas y el análisis de los sueños. Doris, como sanadora diplomada, intuitiva metafísica y enlace con los Guías y los Ángeles de la Luz, ha hecho más de diez mil lecturas espirituales y médicas y sobre relaciones. También ha dirigido numerosos talleres y ha dado conferencias dentro y fuera de Estados Unidos. Vive en Beachwood, Ohio. Visita su página web: www.drdoriscohen.com.

ECOSISTEMA DIGITAL

NUESTRO PUNTO DE ENCUENTRO

www.edicionesurano.com

2 AMABOOK
Disfruta de tu rincón de lectura
y accede a todas nuestras **novedades**
en modo compra.
www.amabook.com

3 SUSCRIBOOKS
El límite lo pones tú,
lectura sin freno,
en modo suscripción.
www.suscribooks.com

DISFRUTA DE 1 MES
DE LECTURA GRATIS

1 REDES SOCIALES:
Amplio abanico
de redes para que
participes activamente.

4 APPS Y DESCARGAS
Apps que te
permitirán leer e
interactuar con
otros lectores.

iOS